THE FIRST STEP!

戸籍のことならこの1冊

弁護士
石原豊昭
弁護士
國部 徹
フリーライター
飯野たから
［共著］

自由国民社

はしがき

日本人のすべてが、いずこかの戸籍に入り、その戸籍の所在地＝「本籍地」を定めています。といっても、普段は戸籍のことなど知りもしないし、気にもかけないで過ごしている人がほとんどでしょう。書式もこみ入っていて、ぱっと見ただけでは何が書いてあるのかよくわかりません。

しかし、たとえば親が亡くなるなどで相続が起きるとたいへんです。戸籍の知識が、いきなり必須のものとなってしまうのです。あるいは、結婚・離婚に際しても、子供ができたときにも、戸籍の知識は必要になります。

また、戸籍やその附票（戸籍と同じ手続でとることができます。附票には住民票の住所が記載されています）は個人情報のかたまりですから、たとえば借金取りの債務者追跡や婚約時の家系調査などに濫用されないよう、取得者の本人確認、目的チェックなどのハードルが設けられていますが、失踪した親族の捜索などには役立つのです。

このように、戸籍についての知識をもつことは、多くの人にとって大切なことです。本書は、なかなかわかりづらい戸籍の調べ方、記されている事項の意味の読み取り方などを、実際の書式例も多く収載して、できるだけわかりやすく解説したものです。本書によって戸籍というものを理解され、自在に活用できるようになっていただければ幸いです。

弁護士　石原　豊昭

改訂版刊行に際して

「夫婦別姓」「代理母」「同性婚」「性別変更」など、伝統的な家族観・性別観とは相容れないような新しい問題が、日常的に議論されるようになりました。

そして、今年から「嫡出推定」「再婚禁止期間」の制度が改正され、生まれた子どもの父親をどう決めるかについての扱いが大きく変わりました。

最終的には本人の幸福を優先するという流れは定着したと考えていいと思います。

ただし、このような家族の問題は、どこかでかならず「戸籍」制度の問題にぶつかります。

「戸籍」は、間違いなく「従来」の価値観を前提にした制度です。この本を手にしてくださった皆さんには、「家」をベースにするかつての価値観と、「個人」の個性を重視する新しい問題が、戸籍制度の中でどのようにせめぎ合っているか、考えてみていただきたいと思います。

令和六年八月

弁護士　國部　徹

もくじ

序章 戸籍とはいったいどういうものなのか

第1章 戸籍の見方・読み方はどうすればいいか

第2章 戸籍の作り方・転籍・分籍・新戸籍の編製

第3章　戸籍の調べ方・取り方はどうするか

第4章 結婚・離婚で戸籍はどうなるか

第5章　親子の関係と戸籍のしくみ

第6章 遺産の相続と戸籍のしくみ

巻末

※本書に登場する人たちやその本籍地・住所は架空のもので、実在の方や場所とは一切関係ありません。なお、戸籍の記載方法は戸籍法施行規則に準じたものですが、事項欄の項目見出しなど、各市町村から交付される戸籍謄本や全部事項証明書のそれと若干異なる場合もあります。
※本書の内容は、令和六年七月末日現在の法令により改訂してあります。

序章

戸籍とはいったいどういうものか

この章の内容は……

◆戸籍とはいったいどういうものなのですか
◆戸籍はなんのためにあるのですか
◆戸籍にはどういうことが載っているのですか
◆戸籍はどこに行けばあるのですか
◆戸籍はどうやったら作れるのですか
◆戸籍はどんなときに利用されるのですか

◆戸籍とはいったいどういうものなのですか？

◎日本人には必ず戸籍があり本籍がある

日本人（日本国籍のある人）である以上、必ず戸籍があります。戸籍がある場所を**本籍**と言います（**本籍地**とも言います）。戸籍があれば、そのことの証明書（**戸籍謄本**または**抄本**）をとることができます。戸籍は各市町村の戸籍係（部署の名前は市町村によって異なります）に登録されていますから、そこに申し出て、戸籍謄本などの証明書を請求するのです。郵便による請求もできますし、一部の自治体ではオンライン請求もできます。

なお、戸籍に登録された全員が死亡するか転出するかし、戸籍が空になったときには、戸籍は**除籍**（現在登録されていないもの）となり、それまでの戸籍簿は**除籍簿**と呼ばれます。除籍簿については、**除籍謄本（抄本）**を請求してとることができます。

＊「謄本」とは全部の写し、「抄本」とは一部の写しという意味です。戸籍は現在、昔の帳簿式・手書きの戸籍からデジタル情報として役所のコンピューターの中に存在する電子化戸籍へと移しかえられています（戸籍事務の電子化は全国の市区町村で完了）が、電子化後の戸籍の謄本は「戸籍全部事項証明書」、抄本は「戸籍個人事項証明書」と呼ばれています。

◎他人の戸籍は簡単には見ることができない

戸籍は、謄本などをとって見ることができると言いましたが、戸籍謄本も除籍謄本も、誰でもとれるわけではありません。記載されている人（本人）や、その法的関係者、または請求することについての正当な理由のある者だけが請求できるのです。「あたしゃ、あん人のトシが知りたいんだよ」などは、正当な理由とは言えません。

以前は誰でも戸籍をとることができたのですが、近時、プライバシーの保護がうるさくなり、取得できる者が制限されてきたのです。

いまのトシの問題も、未成年者の法律行為（契約など）は法定代理人の同意がないと取り消すことができるのですから（民法五条）、契約の相手方としては戸籍が楽にとれないことはムチャなような気がするでしょう。しかし、じっさいの役所の窓口では、取引の実情くらいは開示しないと承知してもらえないかもしれません。

戸籍謄本をとるには、本籍地の市町村役場の規則（条例）に従って請求をすることになります。この際、手数料が要ります。郵便で請求するには、手数料相当額の小為替を添え、かつ、返送用の郵便切手と一緒に送ることになります。手数料は、本籍地の市町村役場の電話を調べて問い合わせればよいでしょう（または、その役場がインターネットのホームページを作っていれば、そこに手数料などの案内が記されてあるでしょう。なお、七四頁に主な手数料の一覧表があります）。

◎戸籍のはじまりは「家」の登録

さて、いきなり実際上のことに触れましたが、肝心の戸籍とはそもそもどういうものか、という質問には答えていませんね。これについて本式にお答えしましょう。

日本の戸籍については、**戸籍法**という法律があります。これを開いてみましょう（戸籍法は通常、六法全書に載っています）。

ところが、けしからぬことに、その第一条にすら戸籍とはなにかということは載っていないのです。第一条の記載は、戸籍に関する事務は、市町村長がこれを管掌する（第二項は省略します）とあるだけで、戸籍とはなにかについての法律の規定はないのです。仕方がないから法律学者が戸籍とはなにかという点について詮索せざるを得ません。

戸籍はまず、「家」の登録を言いました。明治以来、「家」という制度があり、「家」には戸主（家の長）があり、戸主を筆頭者としてその家族を記載したもの、これが戸籍でした。

◎世界の主流は個人単位の記録簿

ところで、戸籍というものは世界中に同じようにある制度だ、と思っている人が多いようですが、戸籍制度は日本独特のものです（かつて日本の支配下にあった国には、似た制度があることがあります）。

日本で戸籍制度ができたのは明治五年のことです。エトでいうと、その年は、さる（申）年で、壬申（じんしん）の年といい、その戸籍を壬申戸籍（じんしんこせき）といいます。これは、江戸時代の人別帳や宗門帳を踏襲したものですが、明治維新に際し長州藩にあった制度が京都府へもたらされ、これが壬申戸籍の原型だとも言われています。

現在の戸籍簿には筆頭者（ひっとうしゃ）という欄があり、これが戸籍の索引名のような扱いとなっていますが、その筆頭者の制度は、今も述べたように、かつての家族制度時代の戸主の制度の名残だと思います。いずれは個人単位の戸籍制度になっていくでしょう。

ヨーロッパでは、教会の信者簿が起源となっており、個人単位のものが発端でしたが、それだけでは不便なので、家族手帳の制度などが考案されています。また、英米は、住所地法制度の国であり、住所地（ドミサイル・プレデンシャル）の登録で処理されていますが、教会や役所の婚姻簿の制度もあるようで、なかなか複雑です。

こういうわけで、日本の戸籍制度は独特の制度です。

なお、日本に居住している外国人については、かつては**外国人登録法**があり、その登記簿が戸籍簿や住民票の代わりの役目をはたしていましたが、現在では**住民基本台帳法**に統一されました。逆から見れば、戸籍制度も外国人登録制度も日本の国内法にすぎず、外国で通用するとは限りません。日本の戸籍には、婚姻や認知などが載っていても、相手の本国法では認められない事件もあるので、外国人との婚姻や外国人との間に生まれた子の身分関係に関わる法律問題（**渉外問題**（しょうがい）という）は必ず渉外専門の弁護士などに相談すべきです。

◆戸籍はなんのためにあるのですか？

◎本人の存在と親族関係が証明できる

さて、なんだか心細いことを言いましたが、ここから先は日本の戸籍に絞って説明します。

戸籍は、まず本人の存在の証明です。戸籍の記載によって、誰を親として生まれたこういう名前の人間が、たしかに日本人として存在しているということが証明できます。外国人が〈日本人の戸籍を買う〉という事件が新聞に出ることがあるのはこのためです。

次は、親族関係の確認と証明です。

本人だって自分の戸籍の記載を確認する必要があることも少なくありません。〈あの人、あたしを結婚の籍に入れたと言ったけれど、ホントかしら〉と疑心暗鬼の場合、戸籍謄本か住民票を手に入れて自分で見ればハッキリします。「俺がちゃんと確認したからだいじょうぶだよぉ、ちょっと金貸せ」なんて場合は疑わしい。

裁判所や弁護士がいちばん多く戸籍を使用するのも、婚姻関係、親子関係（その他の親族関係）の確認や証明のためで、とくに相続関係の確認・証明が多いと言えます。

◎昔の権利関係の証明には戸籍集めで苦労する

不動産の登記のためにも戸籍は必要となります。地方では、山林などの登記が明治以来そのままに放置してある、などということも多いので、道路やゴルフ場を建設するについて土地代金を払うため、所有権者の相続人を特定しなければならなくて、膨大な数の戸籍・除籍簿の謄本を必要とする事案も生じます。明治時代の戸籍・除籍簿など、達筆の草書体の筆書きを読める者がおらず、鑑定に出すという騒ぎになった事例もありました。

そのほか、系図をつくるとか、自叙伝をかくために必要だとか、いろんな場合があるでしょう。壬申戸籍などは、文書の保存期間である八〇年を過ぎたため、散逸した事例もありますが、貴重な文献として地元の図書館や教育委員会に保管されていることもあるので、調査してみればよいでしょう。なお、現在の戸籍法では除籍簿の保存期間は一五〇年です（戸籍法施行規則五条四項）。

◆戸籍にはどういうことが載っているのですか

◎戸籍の記載事項は八項目

戸籍（以下、除籍についてもおなじです）には、以上のことだけではなく、一定のことが記載されています。

戸籍法一三条の規定をあげましょう。

〈戸籍の記載事項〉

戸籍には、本籍の外、戸籍内の各人について、左の事項を記載しなければならない。

1 氏名
2 出生の年月日
3 戸籍に入った原因及び年月日
4 実父母の氏名及び実父母との続柄
5 養子であるときは、養親の氏名及び養親との続柄
6 夫婦については、夫又は妻である旨
7 他の戸籍から入った者については、その戸籍の表示
8 その他法務省令で定める事項

以上の八項目が戸籍の記載事項です。

あとの細かいことについては、直接に戸籍法を見てください。

なお、出生の年月日は、「実はボク、不明なんだよ」という人もありますが、戸籍の記載に関しては、それはかまわない、とにかく出生の年月日が書いてあれば、それでよいのである、というのが役所の決まりです。

基本的な戸籍の見方・読み方

戸籍（戸籍簿）の形式や記載される内容は、戸籍法や同法施行規則などで決められています。基本的な見方・読み方さえ覚えておけば、複雑な家族関係の戸籍でも読み下すのはそう難しいことではありません。

現在、戸籍は旧来の紙の戸籍（縦書き）から電子化された横書きのものに変わりましたが、相続手続きではまだ電子化前のもの（改製原戸籍）も必要です（一四八頁）。ここではまず電子化前の戸籍で説明します（電子化戸籍は三〇頁）。

【サンプル1】基本的な戸籍のひな形（電子化前のもの）

※電子化前の縦書き戸籍は「改製原戸籍」となり、欄外にその旨が記載される（三九頁参照）。

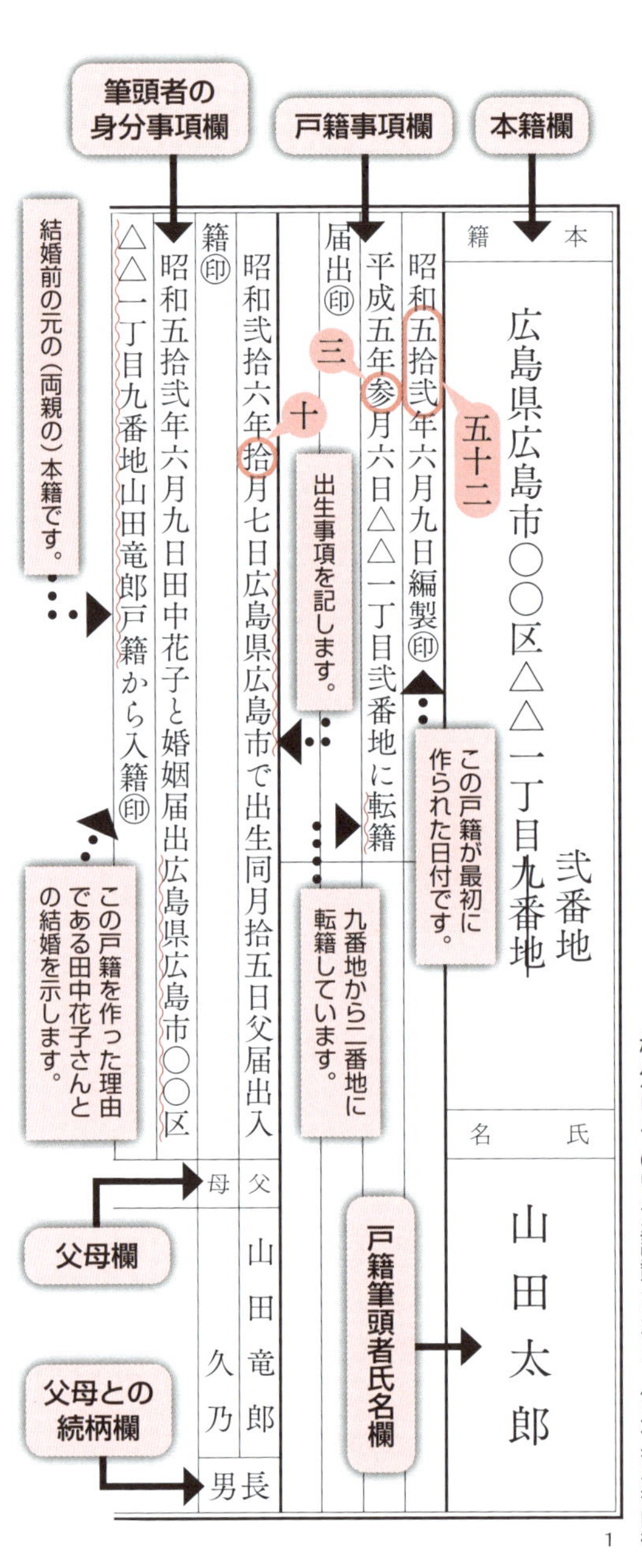

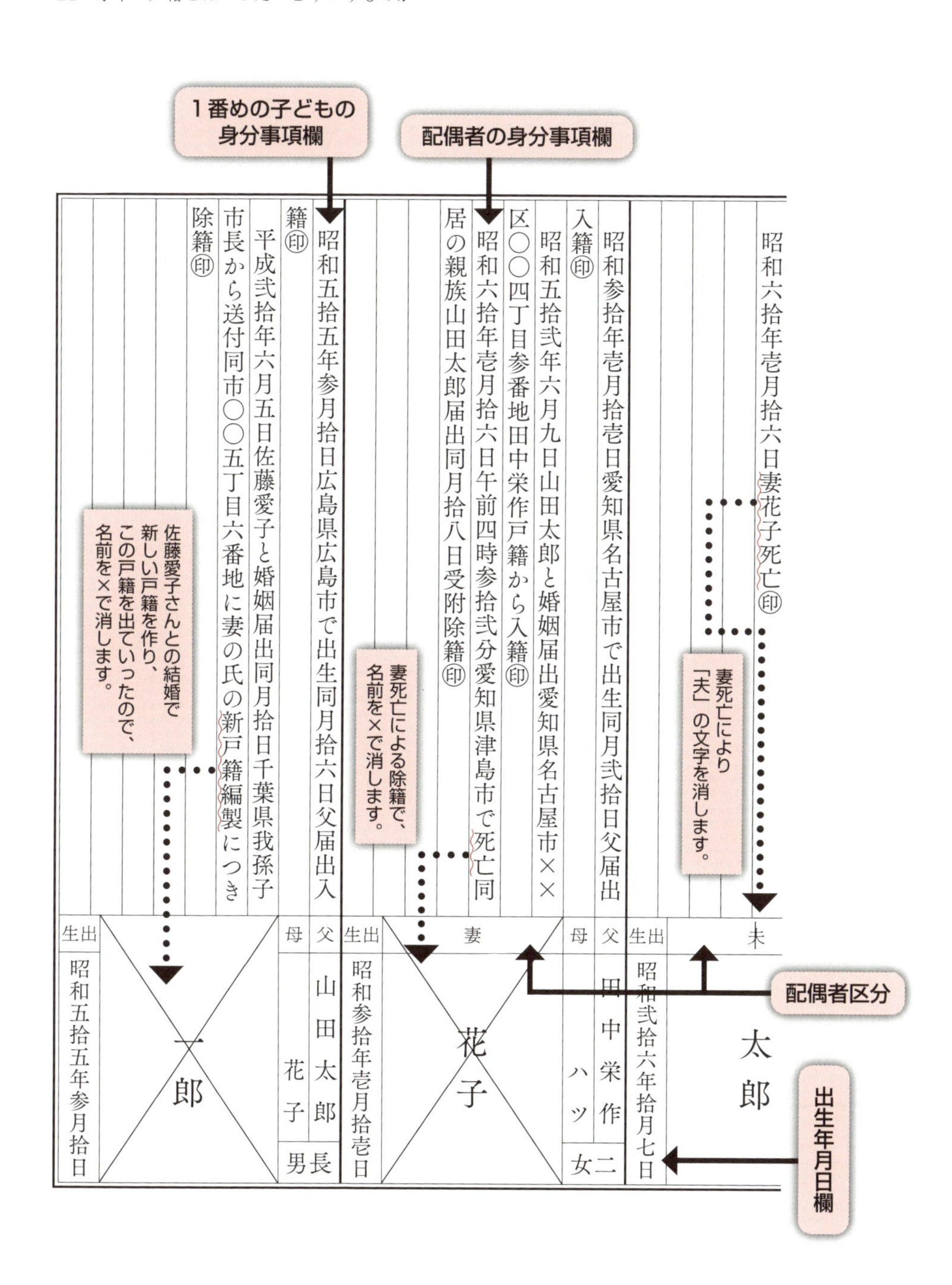
1番めの子どもの身分事項欄
配偶者の身分事項欄
昭和六拾年壱月拾六日妻花子死亡㊞
妻死亡により「夫」の文字を消します。
昭和参拾年壱月拾壱日愛知県名古屋市で出生同月弐拾日父届出入籍㊞
昭和五拾弐年六月九日山田太郎と婚姻届出愛知県名古屋市××区○○四丁目参番地田中栄作戸籍から入籍㊞
昭和六拾年壱月拾六日午前四時参拾弐分愛知県津島市で死亡同居の親族山田太郎届出同月拾八日受附除籍㊞
妻死亡による除籍で、名前を×で消します。
昭和五拾五年参月拾日広島県広島市で出生同月拾六日父届出入籍㊞
平成弐拾年六月五日佐藤愛子と婚姻届出同月拾日千葉県我孫子市長から送付同市○○五丁目六番地に妻の氏の新戸籍編製につき除籍㊞
佐藤愛子さんとの結婚で新しい戸籍を作り、この戸籍を出ていったので、名前を×で消します。
夫
出生
昭和弐拾六年拾月七日
太郎
父　田中栄作
母　ハツ
二女
妻
出生
昭和参拾年壱月拾壱日
花子
父　山田太郎
母　花子
長男
出生
昭和五拾五年参月拾日
一郎
配偶者区分
出生年月日欄

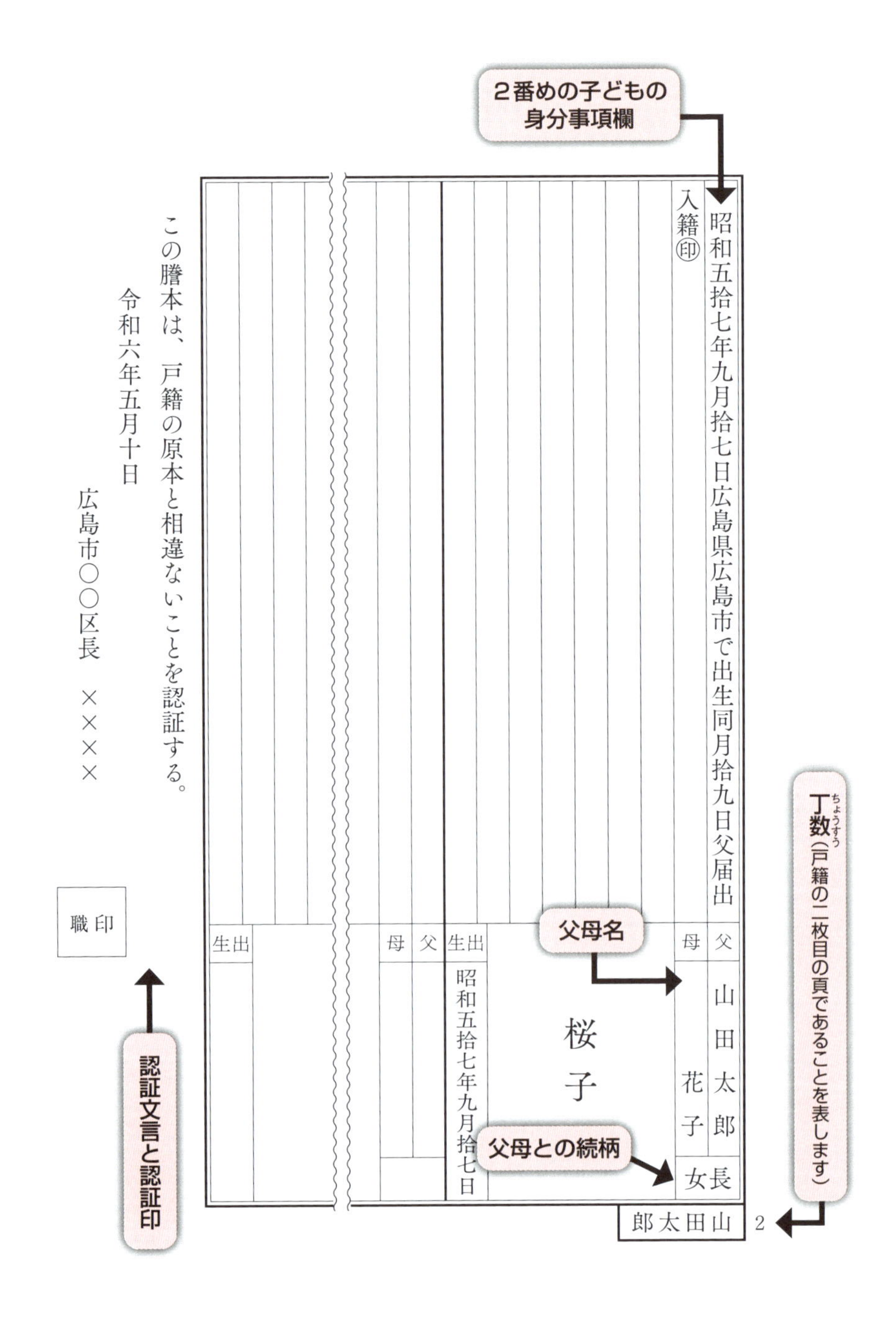

2番めの子どもの身分事項欄
昭和五拾七年九月拾七日広島県広島市で出生同月拾九日父届出
入籍㊞
父
山田太郎
母
花子
長女
桜子
生出
昭和五拾七年九月拾七日
父
母
生出
父母名
父母との続柄
郎太田山
2
丁数(ちょうすう)(戸籍の二枚目の頁であることを表します)
この謄本は、戸籍の原本と相違ないことを認証する。
令和六年五月十日
広島市○○区長　××××
職印
認証文言と認証印

★サンプル1の解説

これは、広島市に本籍がある山田太郎さんとその家族（妻と二人の子ども）の戸籍謄本です。

戸籍には、本籍欄と個人欄があり、個人欄は本籍欄の後ろに、戸籍筆頭者、配偶者、子どもの欄の順で並んでいます。子どもは原則として出生順です（養子や入籍した非嫡出子は届出順）。

まず、本籍欄を見てください。戸籍は夫婦とその子どもが単位ですので、結婚（婚姻という）により、夫婦の戸籍が新しく作られます（編製という）。その際、夫婦の姓（氏という）とした姓を元々名乗る人が戸籍筆頭者となり、夫婦の本籍地も筆頭者のそれと同じです。この夫婦が山田という姓を選んだことがわかります。戸籍事項欄は、いつ戸籍が作られたか、また転籍や電子化などで戸籍の様式が改められた（改製という）場合、その事実が記載されます。

個人欄は一人ずつです。下段は、その戸籍に入っている人の名前と生年月日、両親の名前と両親との続柄で、上の身分事項欄には、出生、結婚、死亡などの事実が記載されます。

筆頭者の欄を見ると、太郎さんは山田竜郎・久乃の長男で、昭和二六年一〇月七日、広島市生まれ、昭和五二年六月九日、田中栄作・ハツの二女花子さんと結婚、その後死別したことがわかります。また、花子さんの欄からは彼女が名古屋生まれで、昭和六〇年一月一六日、津島市で死んだのがわかります。名前にバッテンが付けられ、この戸籍から除かれるのです。隣の一郎さん（太郎・花子の長男）も×で消されていますが、こちらは死んだわけではありません。佐藤愛子さんとの結婚で、夫婦の戸籍が新しく作られたため、戸籍から除かれたのです。現在、この戸籍に入っているのは、太郎さんと長女の桜子さんだけということもわかります。

なお、謄本や抄本には、交付した市区町村長の認証文言と認証印が必ず押されます。

◆戸籍はどこに行けばあるのですか

◎戸籍があるのは本籍地の市区町村役場

戸籍は、最初に述べたように、本籍地の市（区）町村役場にあります。役所は、内部の部課、つまり役割が分かれていますから、それなりの課や係で担当されています。名称は役所によってちがいますから、端的に「戸籍の係」と言ってたずねればわかります。

近頃の役所は思いのほか親切ですから、事情をわかってもらえば、古い戸籍や除籍も探してもらえるでしょう。直接出向いて、担当窓口へ行けば、委曲をつくしやすいのですが、電話で尋ねるのも悪くありません。電話なら楽ですから、何度も用件が伝えられるからです。また、メールによる問い合わせに応じる役所もあります。回答は後日になっても、開庁時間を気にする必要がありません。

◎他人の戸籍は正当な理由がなければとれない

戸籍謄本は、申請書を出すことにより交付されます。先ほども述べたように、戸籍に記載された当事者ではなく、第三者であれば、正当な理由がないと交付を受けることができません。

弁護士や税理士、または司法書士などに事件や事務処理を依頼すれば、弁護士などは職務に必要なことであれば正当な理由があるとして、交付を受けることできます。

一般人も、たとえば債権回収のために相続人をさがすなど、正当な理由がある場合は少なくありませんが、そのことを立証する資料を提示しなければなりません。

これがなかなか厄介なので、事件を弁護士に依頼するということも多いのです。

なお、戸籍は正本と副本を作成し、正本は市町村役場、副本は管轄法務局が保存します（磁気ディスクに記録し、調整された戸籍の副本は、法務大臣が保存することになっています）。

◆戸籍はどうやったら作れるのですか

◎本人の本籍地か所在地に届け出る

戸籍はもとより役所が作ります。法的には、市町村長が管掌すると戸籍法に書いてありますが、実際に作るのは市町村役場の担当者です。

しかし、その担当者も、当事者の届出によって作成や記録をするのです。

届出は、実際にしなければならないことですから、少し具体的に書いておきましょう。まず、届出をする役所はどこか。（届出事件の本人の）本籍地、または届出人の所在地、どちらかです。

本籍地とは、どこなのでしょうか。

多くの場合、はじめて自分自身の戸籍を作るのは結婚をするときです。誰でも最初は、出生によって親の戸籍に入っていますが、結婚をすると親の戸籍を出て、夫婦の戸籍を作ります。ですから、結婚までの本籍地は、（分籍によって単身でも親の戸籍を出ていっていない限り）親の本籍地と同じです。結婚をすると、夫婦でいっしょに自分たちの本籍地を定めるのです（日本全国どこでも自由に選べることになっています）。

一方、**所在地**とは現にいる場所のことで、要は、住んでいる場所でいいのです。届出の場所を難しくすると、人民はホッタラカシをして、結局は役所が困ることになるので、楽にできるようにしてあります。

届出は書面または口頭ですることができます。昔は字が書けない人が多かったので口頭でできることになっていますが、今では書面で出すのが普通です。用紙は、役所の窓口に備えてあります。

あとの細かいことは省略しましょう。役所の窓口に電話して聞けばわかります。

届出をする事項だけを書いておきましょう。

出生、認知、養子縁組、養子離縁、婚姻、離婚、親権および未成年者の後見、死亡および失踪、生存配偶者の復氏および姻族関係の終了、推定相続人の廃除、入籍、分籍、国籍の得喪、氏名の変更、転籍および就籍。

これらの事項については、所定の届出をすることにより、戸籍が作成または記載されます。

戸籍はどんなときに利用されるのですか

◎裁判で証拠として使われることもある

戸籍の利用方法については、先ほども述べましたが、多岐にわたります。

まず、本人であることの確認や、親族関係の確認。

次に、登記手続き、または訴訟手続き、があります。

訴訟手続きでは、まず家庭裁判所の訴訟や調停、審判の手続きがあります。地方裁判所や簡易裁判所の手続きではあまり必要とされませんが、年齢や相続関係などで立証材料として必要となることがあります。

第1章

戸籍の見方・読み方はどうすればいいか

この章の内容は……

1・戸籍には何が書いてあるのか
2・戸籍を「さかのぼる」とは？
3・戸籍の附票とはどういうものか
4・戸籍をコンピュータ化するとどうなるか

1 戸籍には何が書いてあるか

★人の出生から死亡までの歴史がわかる

結婚すると新しく夫婦の戸籍が作られる

戸籍には、国民一人一人の出生、結婚、離婚、死亡など、法律で国（実際は市区町村長）への届出が義務付けられた履歴（**身分関係**という）が書かれています。具体的には、本籍地の他、個人ごとに氏名、出生年月日、入籍した年月日と原因、実父母の氏名と続柄（長男、長女など。養子の場合は養親の氏名と続柄）、夫婦の続柄（夫または妻）、他の戸籍から入籍した場合にはその戸籍の表示、その他法務省令で定める内容です（戸籍法一三条）。結婚や相続、パスポート取得などの際、その身分を証明する書類として戸籍簿のコピー（戸籍謄本という）を取りますが、これを見れば親子関係などがわかります。

なお、戸籍は原則として、一組の夫婦とその夫婦の子ごとに作られ（**夫婦同一戸籍の原則**という）、本籍地の市区町村で管理されます。

次頁の図を見てください。山田一郎さんは元々、太郎さんと花子さんの長男として、太郎さんを戸籍筆頭者とする戸籍に入っていました（**序章サンプル1**参照）。しかし、佐藤愛子さんとの結婚（婚姻という）により太郎さんの戸籍から抜け、新たに愛子さんを戸籍筆頭者に、夫婦の戸籍が作られたのです（**サンプル2**参照）。

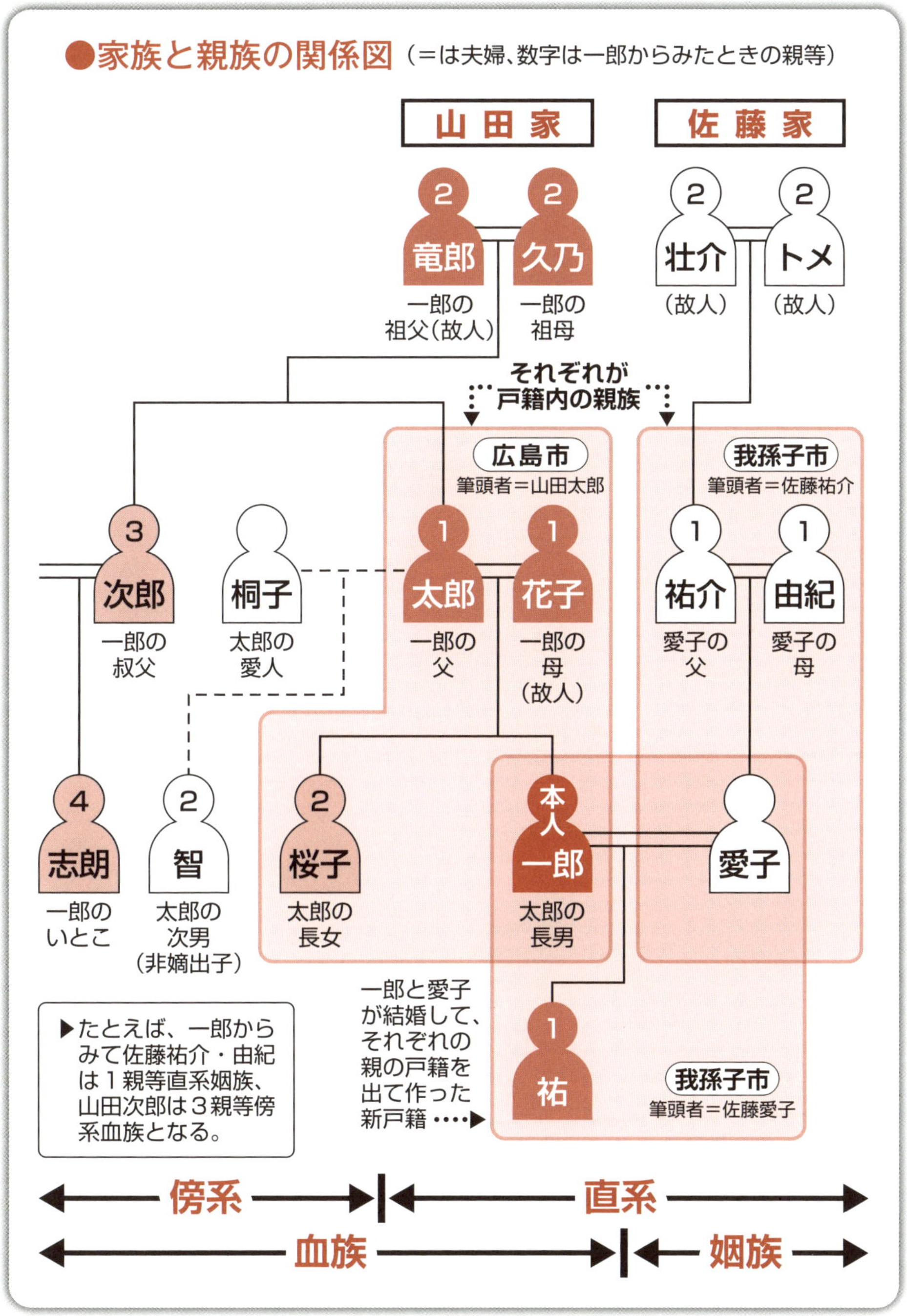

●家族と親族の関係図（＝は夫婦、数字は一郎からみたときの親等）

山田家
- 2 竜郎 一郎の祖父（故人）＝ 2 久乃 一郎の祖母

佐藤家
- 2 壮介（故人）＝ 2 トメ（故人）

それぞれが戸籍内の親族

広島市 筆頭者＝山田太郎
- 1 太郎 一郎の父 ＝ 1 花子 一郎の母（故人）
- 2 桜子 太郎の長女
- 本人 一郎 太郎の長男

我孫子市 筆頭者＝佐藤祐介
- 1 祐介 愛子の父 ＝ 1 由紀 愛子の母
- 愛子

- 3 次郎 一郎の叔父
- 桐子 太郎の愛人
- 4 志朗 一郎のいとこ
- 2 智 太郎の次男（非嫡出子）

我孫子市 筆頭者＝佐藤愛子
- 一郎 ＝ 愛子
- 1 祐

一郎と愛子が結婚して、それぞれの親の戸籍を出て作った新戸籍

▶たとえば、一郎からみて佐藤祐介・由紀は１親等直系姻族、山田次郎は３親等傍系血族となる。

傍系 ｜ 直系

血族 ｜ 姻族

【サンプル２】結婚により作られた山田一郎・佐藤愛子の戸籍（夫婦の姓：佐藤）

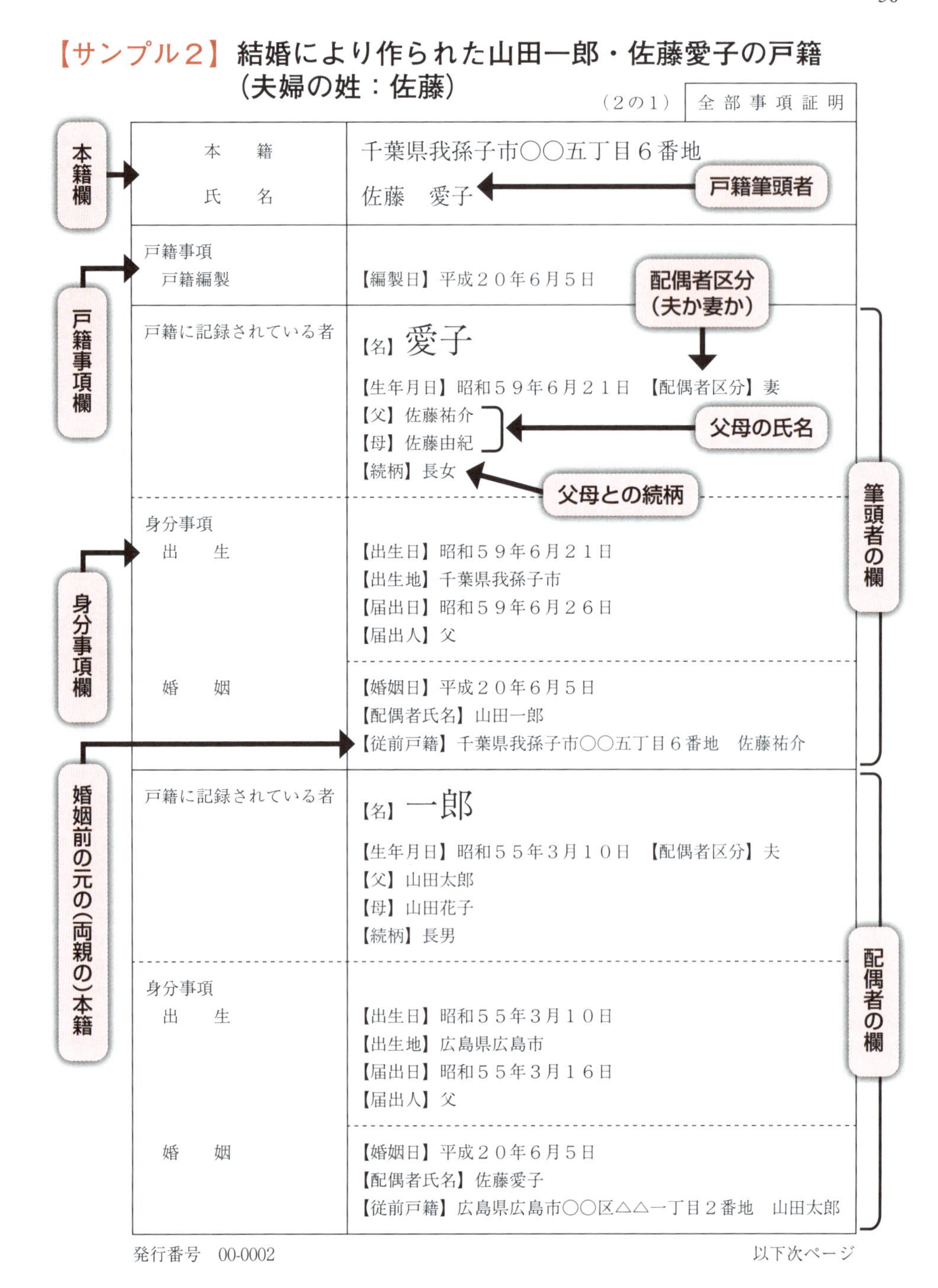

（２の１）　全部事項証明

本　籍	千葉県我孫子市○○五丁目６番地
氏　名	佐藤　愛子
戸籍事項 戸籍編製	【編製日】平成２０年６月５日
戸籍に記録されている者	【名】愛子 【生年月日】昭和５９年６月２１日　【配偶者区分】妻 【父】佐藤祐介 【母】佐藤由紀 【続柄】長女
身分事項 出　生	【出生日】昭和５９年６月２１日 【出生地】千葉県我孫子市 【届出日】昭和５９年６月２６日 【届出人】父
婚　姻	【婚姻日】平成２０年６月５日 【配偶者氏名】山田一郎 【従前戸籍】千葉県我孫子市○○五丁目６番地　佐藤祐介
戸籍に記録されている者	【名】一郎 【生年月日】昭和５５年３月１０日　【配偶者区分】夫 【父】山田太郎 【母】山田花子 【続柄】長男
身分事項 出　生	【出生日】昭和５５年３月１０日 【出生地】広島県広島市 【届出日】昭和５５年３月１６日 【届出人】父
婚　姻	【婚姻日】平成２０年６月５日 【配偶者氏名】佐藤愛子 【従前戸籍】広島県広島市○○区△△一丁目２番地　山田太郎

発行番号　00-0002　　　　以下次ページ

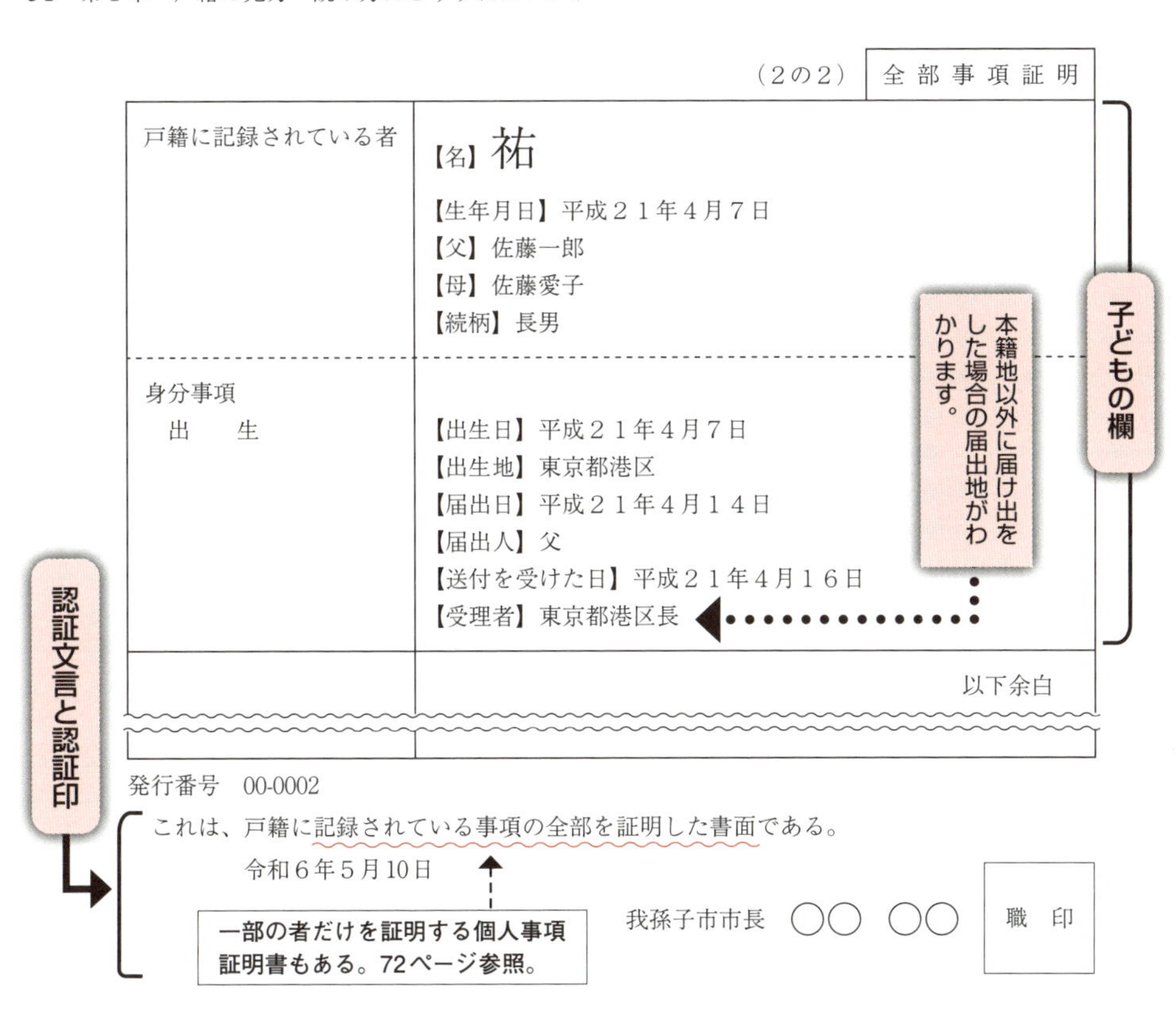
（２の２）　全部事項証明

戸籍に記録されている者	【名】祐 【生年月日】平成２１年４月７日 【父】佐藤一郎 【母】佐藤愛子 【続柄】長男
身分事項 出　生	【出生日】平成２１年４月７日 【出生地】東京都港区 【届出日】平成２１年４月１４日 【届出人】父 【送付を受けた日】平成２１年４月１６日 【受理者】東京都港区長
	以下余白

発行番号　00-0002

これは、戸籍に記録されている事項の全部を証明した書面である。

令和６年５月10日

我孫子市市長　○○　○○　職印

★サンプル2の解説

法律上、正式に結婚した夫婦（本籍地の市区町村長に婚姻届を出し、受理された男女）は、それぞれ親の戸籍を離脱、新たに夫婦の戸籍が作られます。夫婦は、どちらか一方の姓（氏という）を名乗ることになっていますが（民法七五〇条）、夫婦の姓を元々名乗っていた方が戸籍筆頭者です。一般的に、夫の姓を名乗る夫婦が多いので、戸籍筆頭者は夫が普通ですが、この夫婦は妻方の姓を選んだため、戸籍筆頭者は妻の佐藤愛子さんになります。

なお、サンプルはコンピューター化（電子化という）された戸籍ですが、記載内容は電子化される前の縦書きのものと原則同じです（序章サンプル１、本章四項…三八頁参照）。

2 戸籍を「さかのぼる」とは

★消えた親族を見つける目的がある

他に相続人がいないか出生までさかのぼってさがす

結婚すると親の戸籍から除かれ（除籍（じょせき）という）、結婚相手（配偶者という）と新しく夫婦の戸籍が作られます（就籍（しゅうせき）という）。また、本籍地を別の市町村に変えた場合、移した市町村で新しい戸籍が作られ（転籍（てんせき）という）、元の戸籍（原戸籍という）は除籍されます。この他、法改正などで新様式の戸籍に変える場合（改製（かいせい）という）、戸籍簿が破れたり汚れた場合（再製（さいせい）という）も、戸籍が新しく作られる原因です。当然、それ以後の届出内容は新戸籍にしか記載されません。

しかも、新しい戸籍には元の戸籍に書かれている内容すべてが移し替えられるわけではないのです。たとえば、結婚で作られた夫婦の戸籍を見ても、夫や妻に兄弟がいるかどうかまではわかりません。また、改製後の戸籍には、その時点で籍がある人だけが移し替えられるため、改製以前に死亡や結婚で除籍された人については戸籍から消えてしまいます。そこで、相続が起こった場合、現在有効な戸籍を見ただけでは相続人を確定できないのです。相続人確定には、死んだ人（被相続人）の戸籍を、その出生までさかのぼり、他に相続人がいないかさがすしかありません（左図参照）。遺族は、必要な原戸（げんこ）

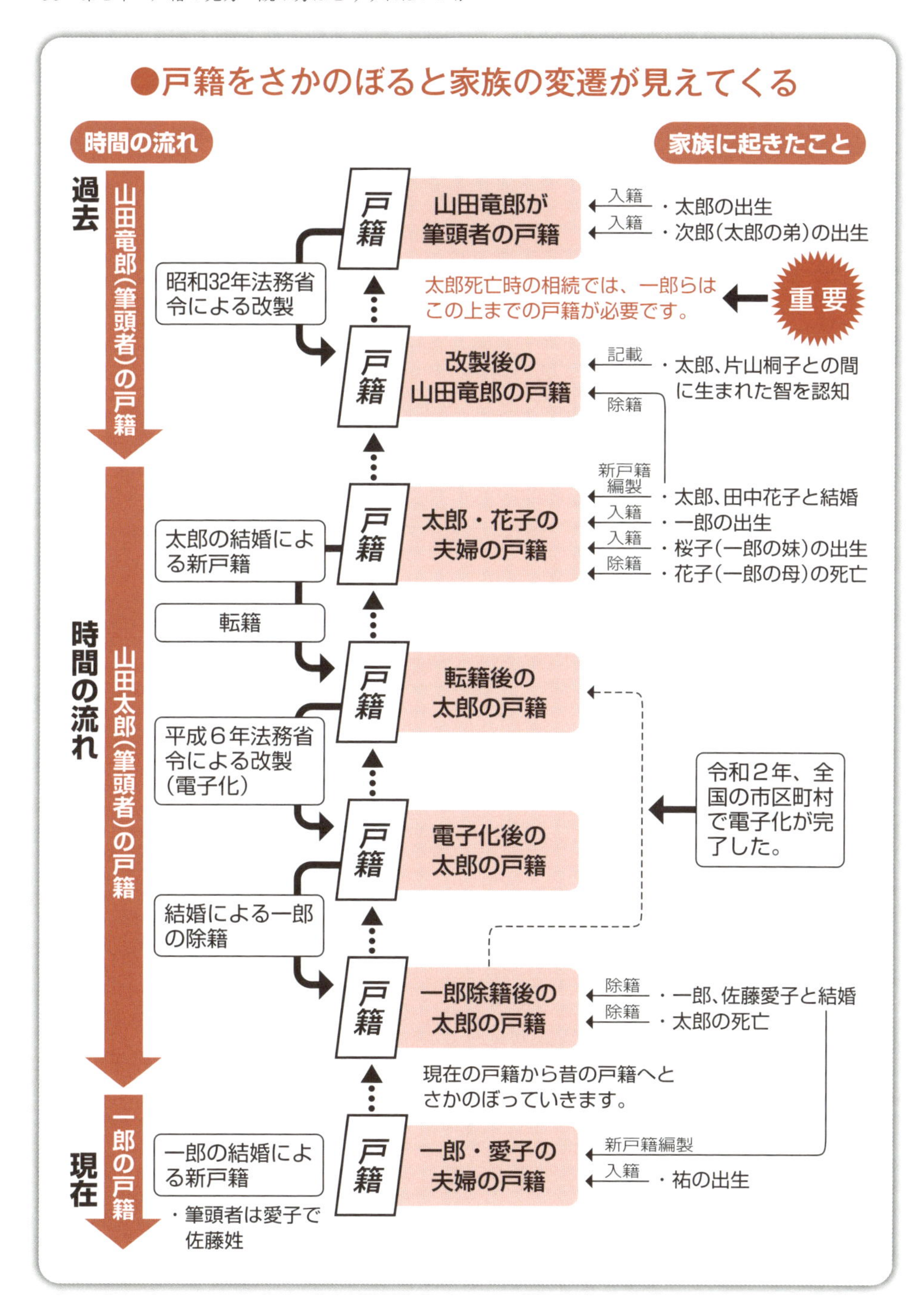
●戸籍をさかのぼると家族の変遷が見えてくる
時間の流れ
家族に起きたこと
過去
山田竜郎（筆頭者）の戸籍
戸籍
山田竜郎が筆頭者の戸籍
入籍
・太郎の出生
入籍
・次郎（太郎の弟）の出生
昭和32年法務省令による改製
太郎死亡時の相続では、一郎らはこの上までの戸籍が必要です。
重要
戸籍
改製後の山田竜郎の戸籍
記載
・太郎、片山桐子との間に生まれた智を認知
除籍
新戸籍編製
・太郎、田中花子と結婚
入籍
・一郎の出生
入籍
・桜子（一郎の妹）の出生
除籍
・花子（一郎の母）の死亡
戸籍
太郎・花子の夫婦の戸籍
太郎の結婚による新戸籍
転籍
時間の流れ
山田太郎（筆頭者）の戸籍
戸籍
転籍後の太郎の戸籍
平成６年法務省令による改製（電子化）
戸籍
電子化後の太郎の戸籍
令和２年、全国の市区町村で電子化が完了した。
結婚による一郎の除籍
戸籍
一郎除籍後の太郎の戸籍
除籍
・一郎、佐藤愛子と結婚
除籍
・太郎の死亡
現在の戸籍から昔の戸籍へとさかのぼっていきます。
現在
一郎の戸籍
一郎の結婚による新戸籍
・筆頭者は愛子で佐藤姓
戸籍
一郎・愛子の夫婦の戸籍
新戸籍編製
入籍
・祐の出生

【サンプル3 - ①】戸籍をさかのぼり父親の婚外子を見つけた例

本籍	広島県広島市〇〇区△△一丁目九番地 弐番地
氏名	山田太郎

昭和五拾弐年六月九日編製㊞
平成五年参月六日△△一丁目弐番地に転籍届出㊞

昭和弐拾六年拾月七日広島県広島市で出生同月拾五日父届出入籍㊞
昭和五拾弐年六月九日田中花子と婚姻届出広島県広島市〇〇区△△一丁目九番地山田竜郎戸籍から入籍㊞
昭和六拾年壱月拾六日妻花子死亡㊞
平成拾弐年八月七日大阪市△△区〇〇六番地片山桐子同籍智を認知届出㊞

父	山田竜郎	長男
母	久乃	
夫	太郎	
出生	昭和弐拾六年拾月七日	

愛人との間に生まれた子どもを結婚後に認知しました（入籍せず⇩子は母親の戸籍に入ります）

【サンプル3-②】祖父の代まで戸籍をさかのぼり父親の婚外子を見つけた例

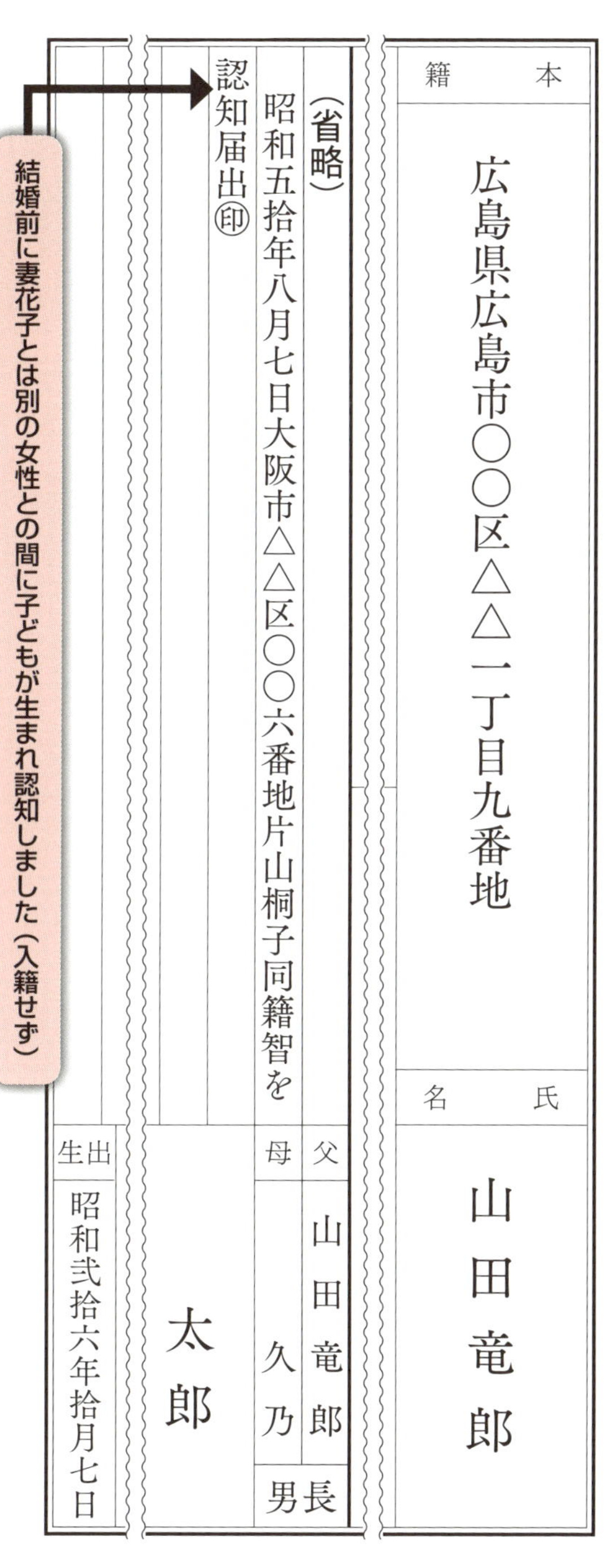

本籍	広島県広島市○○区△△一丁目九番地
氏名	山田竜郎

（省略）

昭和五拾年八月七日大阪市△△区○○六番地片山桐子同籍智を認知届出㊞

父	山田竜郎	長男
母	久乃	
	太郎	
出生	昭和弐拾六年拾月七日	

籍を各市町村から取り寄せるしかないのです。

具体的な例（二九頁図）で考えてみましょう。佐藤一郎さん（旧姓山田）の父太郎氏が亡くなったとします。遺産相続をするには、太郎氏の出生までさかのぼって戸籍謄本を集めるしかありません。図によると、太郎氏には妻以外の女性との間に「智」という子がいます。当然、一郎さんの弟で、太郎氏が認知していれば相続人です。認知が結婚後なら太郎氏の戸籍（サンプル3-①）にその事実が記載され、結婚前なら一郎さんの祖父竜郎さんの戸籍（サンプル3-②）に、その事実が記載されています。

3 戸籍の附票とはどういうものか

★戸籍には住所の移り変わりも書いてある

戸籍の本籍地と住所は違う

戸籍は、本籍地を管轄する市町村（東京二三区や政令指定都市は区）ごとに、戸籍簿としてまとめられています。戸籍に載っている人の結婚や出生、死亡などは、届出期間内に本籍地の市町村長に届け出なければなりません（住所地や出生地の市町村でも受け付ける）。また、不動産や預貯金を相続する場合は、死んだ人の出生までさかのぼって、本籍地の役所からその人の戸籍謄本を取ることが必要です（前項参照）。ところで、この届出や戸籍謄本の交付申請をする場合、届書や申請書に住民登録した現住所（住民票の住所）を書くことになっています。しかし、戸籍には住所を書く欄がなく、本籍地と現住所が一致しないことも少なくありません。そこで、戸籍に載っている本人の現住所が確認できるよう、戸籍には本人の住所の移り変わりを記録した**附票**が付けられています（**サンプル4**参照）。転居先の市町村で住民登録をすると、そこから本籍地の市町村にその旨が送付され、附票に現住所が記録されるのです。

この**戸籍の附票**も、戸籍に載っている本人や家族なら戸籍謄本同様、本籍地のある市役所や町村役場の窓口で簡単に取ることができます。

【サンプル4】電子化された戸籍の附票

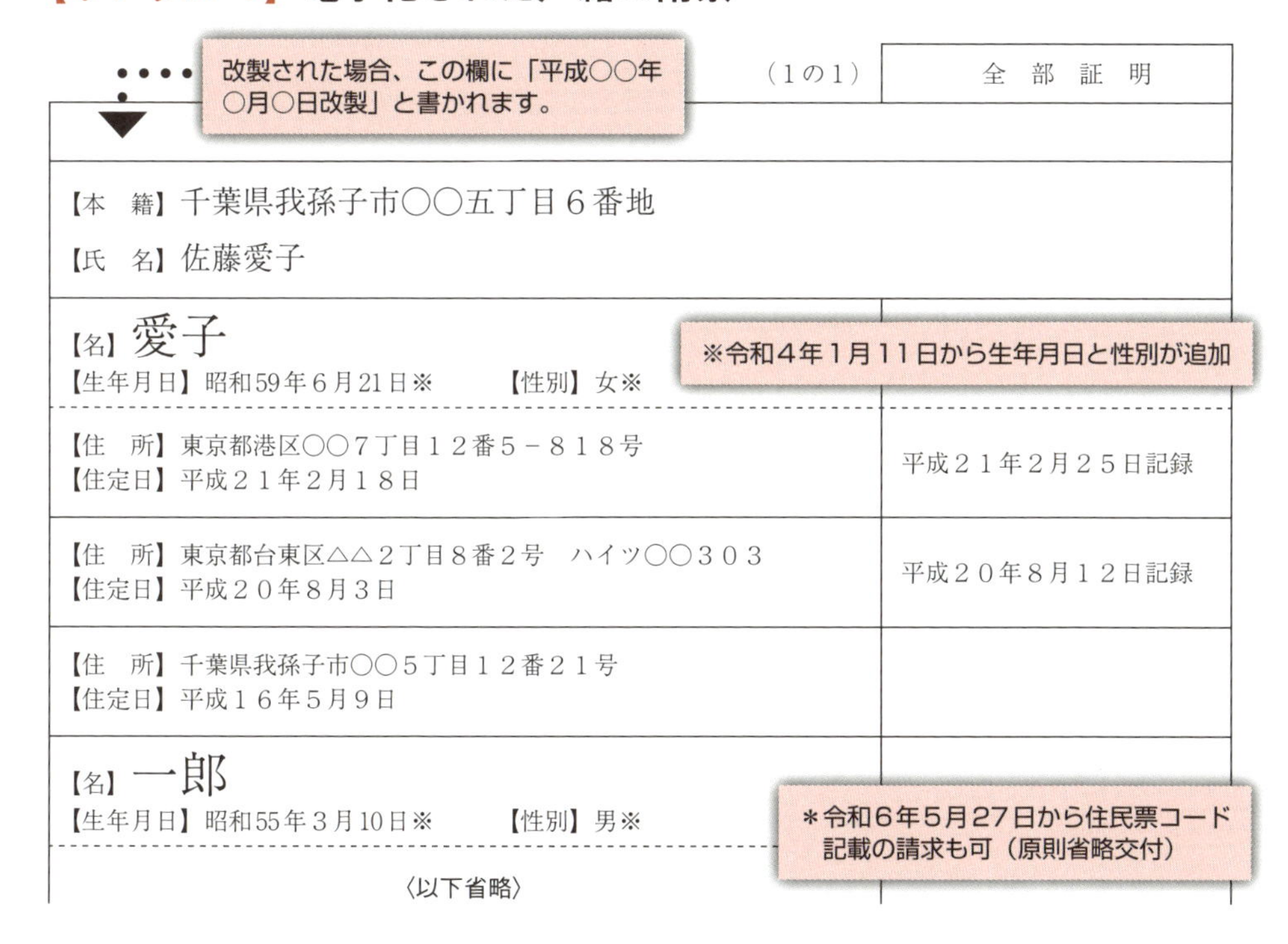

（1の1） 全 部 証 明

【本　籍】千葉県我孫子市〇〇五丁目6番地
【氏　名】佐藤愛子

【名】愛子 【生年月日】昭和59年6月21日※　【性別】女※	
【住　所】東京都港区〇〇7丁目12番5－818号 【住定日】平成21年2月18日	平成21年2月25日記録
【住　所】東京都台東区△△2丁目8番2号　ハイツ〇〇303 【住定日】平成20年8月3日	平成20年8月12日記録
【住　所】千葉県我孫子市〇〇5丁目12番21号 【住定日】平成16年5月9日	
【名】一郎 【生年月日】昭和55年3月10日※　【性別】男※	
〈以下省略〉	

★サンプル4の解説

これは、電子化された戸籍（三〇頁サンプル2参照）の附票です。

本籍と戸籍筆頭者の氏名（必要がなければ省略できる）の次に、戸籍に載っている人（戸籍の順）ごとに、氏名、生年月日、性別が書かれ、その下に、住所の移り変わりが記録されます。住定日とは住民になった日（転入届を出した日）のことで、住所は上から新しい住所です。

これによると、筆頭者の愛子さんは、結婚した当時は我孫子市に住所があり、その後、都内の台東区に転居、現住所は港区ということがわかります。港区民になったのは平成二一年二月一八日ですが、戸籍の附票に記録されたのは、転入届出から一週間後でした。なお、附票の様式は、市区町村により若干異なります。

4 戸籍をコンピューター化するとどうなるか

★より早く正確に戸籍が作られ戸籍謄本が見やすくなる

縦書きの戸籍が横書きになる

戸籍の原本は、これまで本籍地のある市町村の職員がタイプや手書きなどで紙に書き、保存していました。戸籍法施行規則に、戸籍用紙はB4の丈夫な用紙を使い、戸籍簿としてつづるなどと具体的に定められているからです。ただ、紙ですから、当然、破れたり汚れたりして文字が見にくくなることもありますし、謄本の交付も原本を手作業でコピーするので手間がかかります。そこで、正確で迅速な事務処理ができるよう戸籍をコンピューター化（電子化、または電子情報処理という）し、磁気ディスクで管理することが市町村に求められたのです（同規則四章）。この電子化は、令和二年までに、すべての市町村で実施され、戸籍は縦書きからA4横書きに改製されています（平成六年法務省令による改製という。サンプル5・①、②参照）。

なお、電子化された戸籍事務では、市町村が交付する証明書の呼び名が、戸籍謄本は「全部事項証明書」に、戸籍抄本は「個人事項証明書」に変わりました（電子化前の改製原戸籍の呼び名は、戸籍謄本、戸籍抄本のまま）。もっとも、各市町村の窓口では、電子化後の証明書を取る場合でも、戸籍謄本、戸籍抄本で通じます。

【サンプル５－①】サンプル１の戸籍が電子化された場合の戸籍

（１の１）　全部事項証明

本　　籍 氏　　名	広島県広島市○○区△△一丁目２番地 山田　太郎
戸籍事項 　戸籍改製	【改製日】平成２×年1月1日 【改製事由】平成６年法務省令第５１号附則第２条第１項による改製
戸籍に記録されている者	【名】太郎 【生年月日】昭和２６年１０月７日 【父】山田竜郎 【母】山田久乃 【続柄】長男
身分事項 　出　　生	【出生日】昭和２６年１０月７日 【出生地】広島県広島市 【届出日】昭和２６年１０月１５日 【届出人】山田竜郎
戸籍に記録されている者	【名】桜子 【生年月日】昭和５７年９月１７日 【父】山田太郎 【母】山田花子 【続柄】長女
身分事項 　出　　生	【出生日】昭和５７年９月１７日 【出生地】広島県広島市 【届出日】昭和５７年９月１９日 【届出人】山田太郎
	以下余白

改製前の戸籍簿の右側欄外には、こう記載されます。

改製原戸籍　平成六年法務省令第五十一号附則第二条第一項による改製につき平成弐拾×年壱月壱日削除㊞

太郎さんの妻・花子さんは改製前に死亡しているので「婚姻」「配偶者の死亡」についての事項は前の戸籍（改製原戸籍）から移記されません。これは「離婚」についても同様です(なお、「出生」についての事項は移記されます)。もちろん、今も夫婦関係が続いていれば「婚姻」についての事項も移記されます。

【注】 改製前の身分関係（戸籍から消えてしまった婚姻や離婚の記録）を調べたい場合は「改製原戸籍」を取ればいいのです。ただし、市町村によっては本庁舎でしか取れないところもあります（戸籍謄本は通常、出張所など本庁舎以外でも取れます）。

【サンプル5-②】電子化による改製後に除籍されたとき

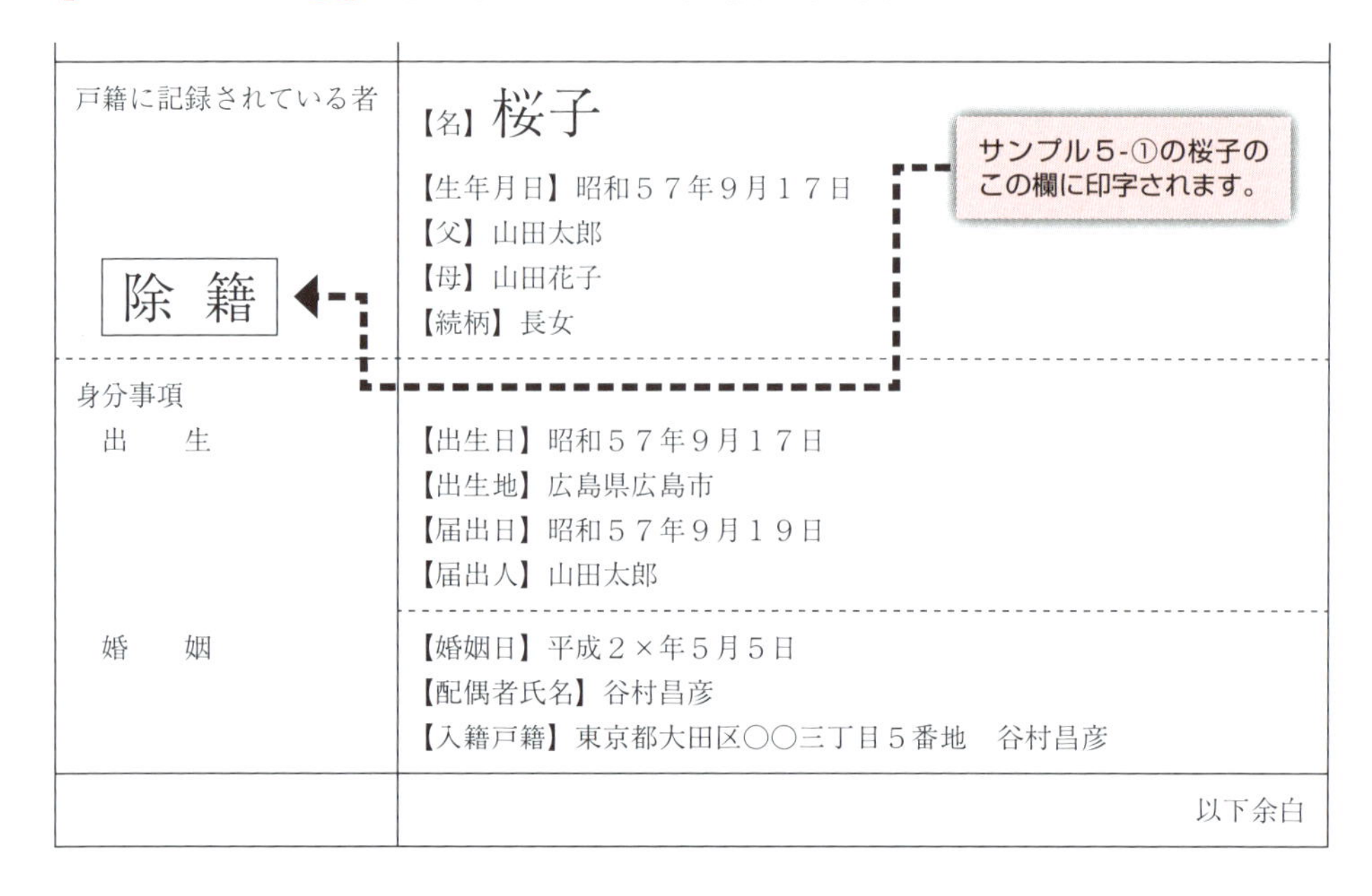

戸籍に記録されている者	【名】桜子 【生年月日】昭和５７年９月１７日 【父】山田太郎 【母】山田花子 【続柄】長女
除籍	
身分事項 出　生	【出生日】昭和５７年９月１７日 【出生地】広島県広島市 【届出日】昭和５７年９月１９日 【届出人】山田太郎
婚　姻	【婚姻日】平成２×年５月５日 【配偶者氏名】谷村昌彦 【入籍戸籍】東京都大田区○○三丁目５番地　谷村昌彦
	以下余白

★サンプル5の解説

従来の様式の戸籍（サンプル1参照）をコンピューター化（電子化）した戸籍です。戸籍を作り替えた原因は法務省令による改製ですから、戸籍事項欄にはその事実が記載されます。

なお、新しい戸籍に移されるのは、その時点で効力のある事項だけです。結婚や死亡で従来の戸籍（改製原戸籍(かいせいげんこせき)という↓昭和の改製と区別するため、平成の改製によるものは平成改製原戸籍とも呼ぶ）から除籍された人についての記載、消除された事項、効力のない事項は移し替えられません。

この例では、死亡した妻と結婚した長男は除籍されたため、改製後の新しい戸籍に二人の記載はありません。

また、改製後に除籍された人の記載は、従来のようにバッテンで消されることはなく、上のように［除籍］の文字が印字されるのです。

戸籍の急所

未婚でできた子は誰の戸籍に入るのか？

――まず入るのは母親の戸籍

〔この項・石原〕

認知というものは、普通は、結婚していない男女間にできた子について父親がするものですが、母親から子を認知するというケースもあります。

親、子の母親が誰であるかは、現にその女性がお腹を痛めて産むのだから、ハッキリしているだろう、と思うでしょう（この点、子の父親が誰であるかは、外形上定かにはわからないものです）。しかし、その女性がたしかにその子を産んだとわかるのは、産んだ直後のことであって、時間がたち環境が変われば、母であること子であることはわからなくなります。

だから、母が子を認知し、または子から母へ認知を求める必要性が出てくるのです。

父も母もわからなくて、入る戸籍がなく、戸籍がない者については、新戸籍が編製されます。この場合、母の認知があれば、戸籍の訂正の申請をすべきことになります。そうなれば、子は母の戸籍に入ります。

さらに、子は、父に対する認知の請求をすることもできます。

ここで、母の戸籍に入ったあとのことも、つけ加えておきましょう。

母の戸籍に入ると、通常はそのままの状態が続きます。これが変わるのは、

①　子が結婚し、婚姻の届出をすると、母の戸籍から出ることになり、新夫婦についての新戸籍が編製されます。

なお、新戸籍については、男女どちらでも筆頭者になることができます。婚姻届を出すときの中

請書に筆頭者を選ぶ欄がありますから、男女どちらでも選べばよいのです。
筆頭者にどちらがなるにせよ、新夫婦の筆頭者でない方は、配偶者（妻または夫）の欄に記載されます。

② 氏を父の姓に変え、家庭裁判所の審判による許可を得ると、（独身者の場合は）父の戸籍に入ることになります。

③ 分籍により新戸籍が編製されると、やはり子は母の戸籍を出ることになります。
分籍をするのにとくに理由は必要ありません。自分がそうしたいと思えば、届出によって自由に自分の新しい戸籍をつくり、新しい本籍地を定めることができます。

④ 養子縁組によっても、（独身者の場合）養親の戸籍に入ることになります。
養子になった者が婚姻をしている場合は、もう夫婦の戸籍がありますから、戸籍はそのままで、養子縁組の記載が載るだけです。

以上のようなことで、子についての新戸籍の編製、または入籍がない限り、婚姻外で生まれた子は母の戸籍の中に居続けることになります。

それでは、その後、父親がその子を認知したとしたらどうでしょうか。その場合でも、その子の戸籍は母の戸籍に留まります。ただ、父がその子を認知した旨の記載が、母の戸籍の中に載るだけなのです。

また、もともとは夫婦関係にない男女の間に生まれた子（非嫡出子）が、その男女がのちに結婚したために嫡出子となることを「準正（じゅんせい）」と言いますが、この場合には、その子は当然ながら親にあたる男女が作った夫婦の戸籍の中に入ります。この戸籍は、母の戸籍であると同時に父の戸籍でもあるわけです。

第2章

戸籍の作り方・転籍・分籍・新戸籍の編製

この章の内容は……

1・戸籍はどこでも作れ、どこにでも移せる
2・分籍とはどういうことか
3・新しい戸籍に引き継がれるのはどの事項か
4　戸籍の誤りを見つけたときは？

1 戸籍はどこでも作れ、どこにでも移せる

★日本の領土なら自由に本籍地を選べる

転籍は夫婦一緒に行う必要がある

戸籍は、その本籍地の市町村（東京二三区と政令指定都市は区）が管理しています。通常、生まれると親の戸籍に入りますので、子どもの本籍地は親のそれと同じです。しかし、本籍地は一旦決まったら一生変えられないというわけではありません。日本国の領土でさえあれば、どこでも好きな場所を本籍地として自由に選ぶことができます。たとえば、人気のテーマパークや有名企業の所在地、離島の岬、富士山山頂でも、本籍地として選べるのです。もっとも、本籍地をあまり遠くにすると、戸籍関係書類の取り寄せなどで面倒なこともあります。

このように、本籍地を移動することを**転籍**といいます。転籍は、転籍届を本籍地の市町村に出せば（転籍地、住所地でもいい）、その手続きは完了です（次頁図解参照）。届出が受理されると、新しい本籍地で戸籍が作られ（四六頁サンプル6、五二頁サンプル8－①参照）、転籍前の本籍地の戸籍は除籍されます。ただし、夫婦の場合には夫婦同一戸籍の原則により、夫と妻二人で転籍届を出さなければなりません。

★新しい戸籍が作られる原因

この転籍以外にも、様々な原因（編製原因と

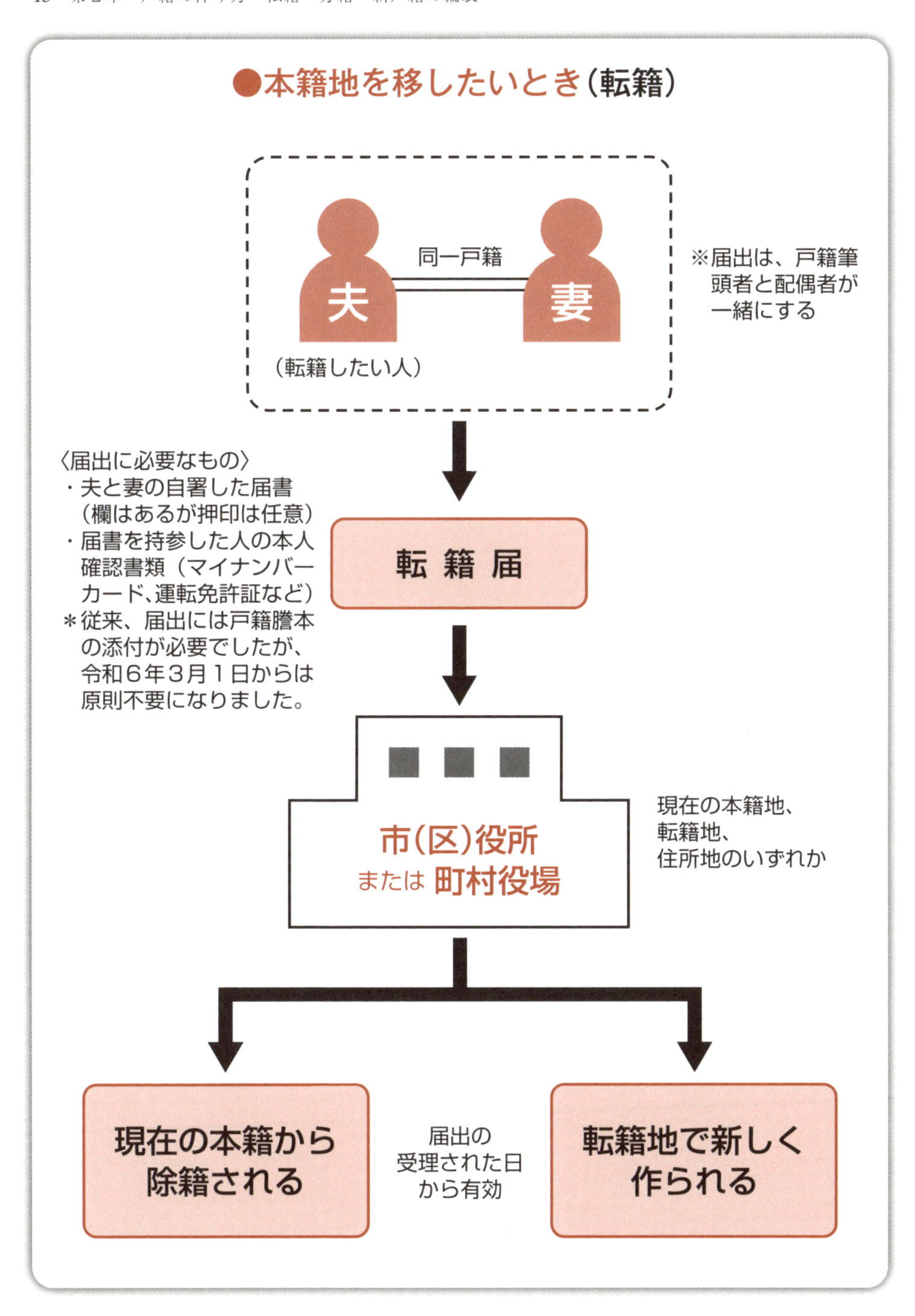
●本籍地を移したいとき（転籍）
同一戸籍
夫
妻
（転籍したい人）
※届出は、戸籍筆頭者と配偶者が一緒にする
〈届出に必要なもの〉
・夫と妻の自署した届書（欄はあるが押印は任意）
・届書を持参した人の本人確認書類（マイナンバーカード、運転免許証など）
＊従来、届出には戸籍謄本の添付が必要でしたが、令和６年３月１日からは原則不要になりました。
転 籍 届
市（区）役所
または 町村役場
現在の本籍地、
転籍地、
住所地のいずれか
現在の本籍から除籍される
届出の受理された日から有効
転籍地で新しく作られる

いう）で、戸籍が新しくなる場合があります。
具体的には次のようなときです。

・結婚したとき（結婚前から戸籍筆頭者だった夫または妻の姓を夫婦の姓とした場合除く）
・外国人と結婚したとき（日本人のみ戸籍作る）
・戸籍筆頭者とその配偶者以外の人が、同じ姓（氏という）の子どもや養子を持ったとき
・離婚や離縁した人が新戸籍編製を望んだり、戻るべき元の戸籍が除籍されていたとき
・養子縁組などで他の戸籍に入る人に配偶者がいるとき（夫婦の新戸籍を編製）
・特別養子縁組するとき（養子の新戸籍編製）
・性別取扱いの変更の審判を受けたとき
・分籍したとき
・他の市町村から転籍したとき
・戸籍がない人が新たに戸籍を作るとき
・戸籍滅失やそのおそれがあり、再製したとき
・戸籍を改製したとき・など

【サンプル6】転籍した場合の戸籍事項欄（同一市町村内の転籍）（電子化前に転籍した戸籍）

本籍	広島県広島市〇〇区△△一丁目九番地 弐番地	氏名	山田太郎

昭和五拾弐年六月九日編製㊞
平成五年参月六日△△一丁目弐番地に転籍
届出㊞

〈以下省略〉

2 分籍とはどういうことか

★在籍する戸籍から独立して新しい戸籍を作る

成人すれば自由に分籍できる

分籍とは、在籍する戸籍から分離独立して、新しく単独の戸籍を作ることです。戸籍筆頭者およびその配偶者以外の人で、成人(満一八歳)であれば自由に分籍できます。成人した子どもは結婚しなくても、親の戸籍を出て自分一人の戸籍が作れるのです。その際、本籍地を好きな場所に変えることもできます。ただし、未成年者は分籍できません(次頁図解参照)。

分籍の手続きは、分籍したい本人が必要事項を記載した**分籍届**を市町村に届け出るだけです(戸籍法一〇〇条)。分籍届の用紙は市町村役場の窓口にあります。用紙は全国共通ですので、最寄りの役所でもらうか、役所のウェブサイトからダウンロードすればいいでしょう。

届出先は、本籍地、住所地、新本籍地(分籍地という)のいずれかです。分籍届の「新しい本籍」欄に分籍地を書いた届書が受理されると、分籍地の役所で本人を戸籍筆頭者とする新しい戸籍が作られます(**サンプル7**参照)。

なお、本籍地以外に分籍する場合、従来は、戸籍全部事項証明書や戸籍謄本の添付が必要でしたが、令和六年三月一日からは原則、添付不要です(婚姻届なども同様。一六四頁参照)。

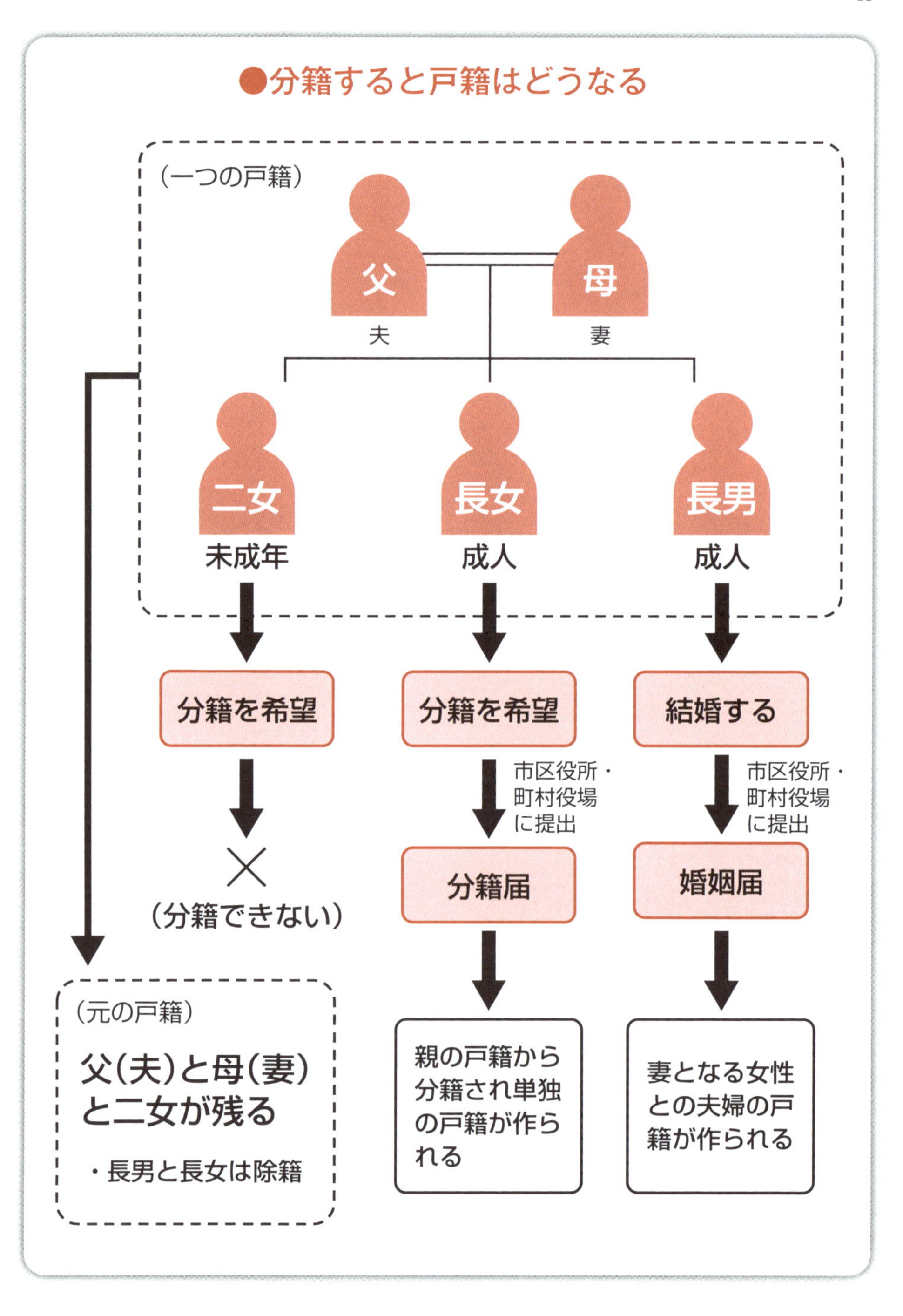
●分籍すると戸籍はどうなる
（一つの戸籍）
父
夫
母
妻
二女
未成年
長女
成人
長男
成人
分籍を希望
分籍を希望
結婚する
市区役所・
町村役場
に提出
市区役所・
町村役場
に提出
×
（分籍できない）
分籍届
婚姻届
（元の戸籍）
父（夫）と母（妻）
と二女が残る
・長男と長女は除籍
親の戸籍から
分籍され単独
の戸籍が作ら
れる
妻となる女性
との夫婦の戸
籍が作られる

【サンプル７】親の戸籍から分籍された戸籍（同一市町村内に分籍する場合）

本籍	広島県広島市○○区△△一丁目弐番地
氏名	山田桜子
戸籍事項	平成弐拾年九月拾七日編製㊞
身分事項	昭和五拾七年九月拾七日広島県広島市で出生同月拾九日父届出入籍㊞
身分事項	平成弐拾年九月拾七日分籍届出広島県広島市○○区△△一丁目弐番地山田太郎戸籍から入籍㊞
父	山田太郎
母	花子
続柄	長女
名	桜子
出生	昭和五拾七年九月拾七日

3 新しい戸籍に引き継がれるのはどの事項か

★除籍された者の事項は引き継がない

転籍はすべての事項を引き継ぐ

新しい戸籍が作られると、元の戸籍から必要な内容が引き継がれます（書き移される＝移記という）。どの部分、どの記載事項が移記されるかは、戸籍を作る原因により異なります（結婚離婚は四章、分籍は四七頁、電子化による改製は三八頁参照）。ここでは、転籍の場合について紹介します。

転籍の場合、結婚や分籍とは違い、元の戸籍の戸籍謄本の記載内容が通常そのまま新戸籍に引き継がれます（次頁図参照、戸籍法施行規則三七条）。ただし、除籍者の事項（戸籍筆頭者の場合は身分事項のみ）などは移記されません（同条但書）。

具体的にどう変わるのか、電子化された戸籍（サンプル2参照）でみてみましょう。

まず、本籍欄と戸籍事項欄です（サンプル8―①②参照）。新戸籍の本籍欄には新しい本籍地（転籍届記載の転籍地）、戸籍事項欄には転籍日（転籍届が受理された日）と旧本籍地（従前の記録〔本籍〕または従前本籍という）が記載されます。ただし、同じ市町村の中で転籍した場合、戸籍は従来のままです。新しく作られることはありません。戸籍事項欄に転籍日と旧

●新しい戸籍に引き継がれること

〈旧戸籍〉		〈新戸籍〉
本籍地	→	転籍以外、引き継ぐ
戸籍筆頭者名	→	（引き継がない場合） 分籍、筆頭者以外の婚姻・離婚など
戸籍事項欄	→	原則引き継がない （転籍の場合、氏の変更の事項は引き継ぐ）

《個人＝戸籍に記載されている者に関する部分》…転籍の場合

除籍された者に関する事項	→	すべて引き継がない （筆頭者が除籍された場合は身分事項欄のみ引き継がない）
在籍する者に関する事項	→	すべて引き継ぐ （消除された事項、新戸籍編製の場合に移記を要しない事項除く）

【サンプル８－①】他の市町村に転籍した場合の戸籍

転籍前（サンプル２）

（２の１）　全部事項証明

本籍 氏名	千葉県我孫子市○○五丁目６番地 佐藤　愛子
戸籍事項 戸籍編製	【編製日】平成２０年６月５日
戸籍に記録されている者	【名】愛子 【生年月日】昭和５９年６月２１日　【配偶者区分】妻 【父】佐藤祐介 【母】佐藤由紀 【続柄】長女
身分事項 出生	【出生日】昭和５９年６月２１日 【出生地】千葉県我孫子市 【届出日】昭和５９年６月２６日 【届出人】父
婚姻	【婚姻日】平成２０年６月５日 【配偶者氏名】山田一郎

以下省略

本籍欄

戸籍事項欄

身分事項欄

以下、在籍者分は引き継ぎます

転籍後

（２の１）　全部事項証明

本籍 氏名	東京都港区○○三丁目８番地 佐藤　愛子
戸籍事項 転籍	【転籍日】平成２１年４月１日 【従前の記録】 【本籍】千葉県我孫子市○○五丁目６番地
戸籍に記録されている者	【名】愛子

以下省略

【サンプル８－②】同一市町村で転籍した場合の戸籍

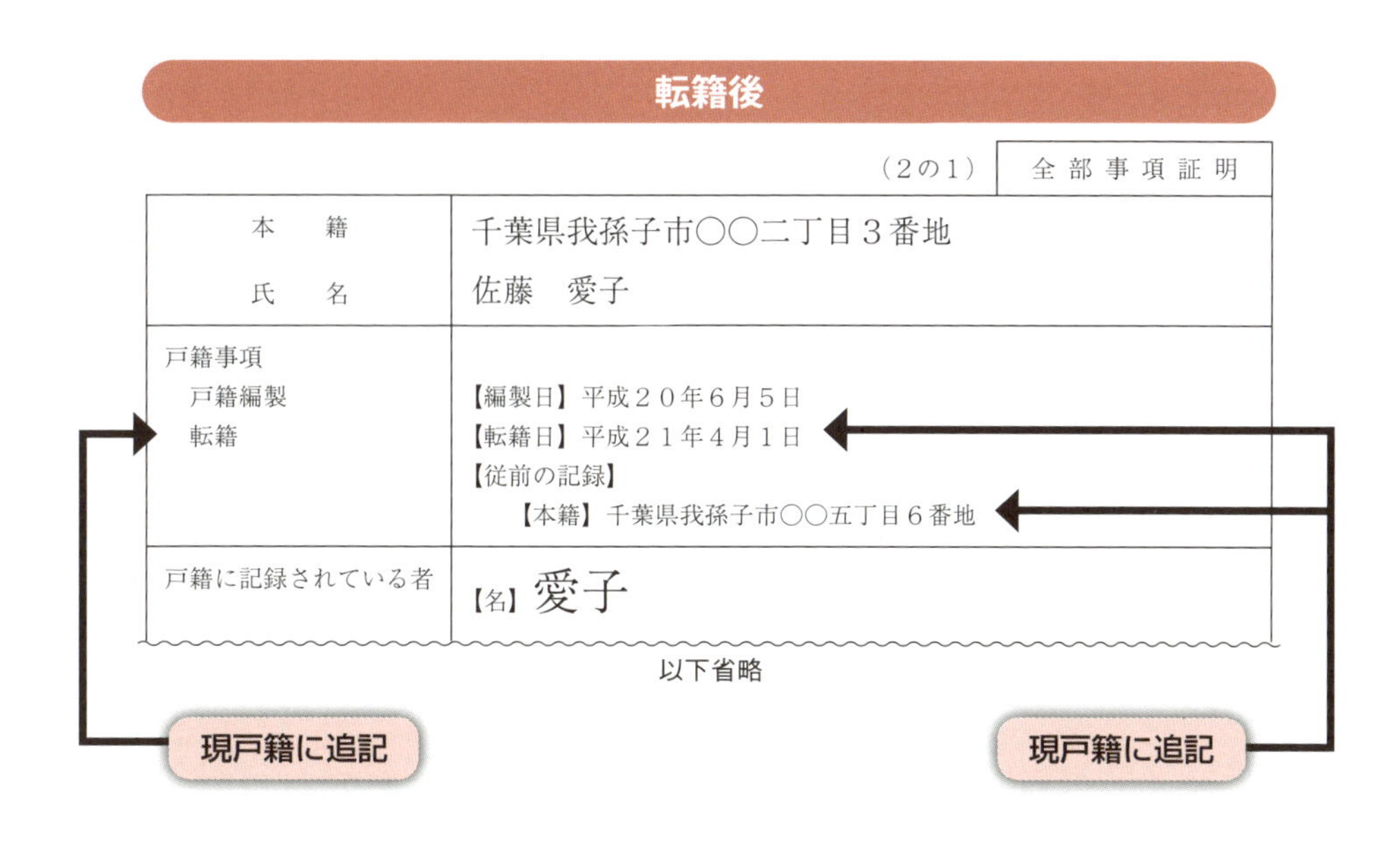

本籍地が追記されるだけです（電子化前の同一市町村内での転籍は四六頁サンプル６参照）。

次に、個人（戸籍に記載されている者）についての記載内容は変わりません。元の戸籍の身分事項欄に書かれた内容は、除籍者の事項、新戸籍編製の際に移記を要しない事項を除けば、原則すべて新戸籍に移記されます。

具体的には、①出生に関する事項、②認知に関する事項、③転籍時に親子関係が続いている養子縁組に関する事項、④転籍時に夫婦関係が続いている婚姻と配偶者の国籍に関する事項、⑤転籍時に未成年である人の親権または未成年者の後見に関する事項、⑥推定相続人の廃除に関する事項でその取消しのないもの、⑦日本の国籍選択の宣言または外国の国籍喪失の事項、⑧名の変更に関する事項、⑨性別取扱いの変更に関する事項、です（同施行規則三九条）。

これ以外の身分事項欄の記載（離婚、離縁など）については移記されません。

【参考資料】戸籍に記載される事項　戸籍法、戸籍法施行規則から抜粋

●戸籍の記載事項（戸籍法13条）

★本籍

★戸籍内の各人（戸籍に載っている人）についての記載事項

①氏名

②出生年月日

③入籍原因、入籍年月日

④実父母の氏名、実父母との続柄

⑤養子は養親の氏名、養親との続柄

⑥夫婦は夫または妻の区別

⑦他の戸籍から入った者、その戸籍の表示

⑧その他法務省令で定める事項（戸籍法施行規則30条）

・上記1〜7のほか、身分に関する事項

・届出、申請の受付年月日、本人以外の人が届出、申請したときは、届出人または申請人の資格および氏名

・報告の受付年月日、報告者の職名

・請求、嘱託、証書、航海日誌の謄本の受付年月日

・他の市町村長、官庁から受理した届書、申請書などの送付を受けた場合は、その受付年月日、書類を受理した者の職名

・戸籍の記載を命ずる裁判確定年月日

●戸籍事項欄の記載事項（同規則34条）

・新戸籍の編製に関する事項

・氏の変更に関する事項

・転籍に関する事項

・戸籍の全部の消除に関する事項

・戸籍の全部に係る訂正に関する事項

・戸籍の再製、改製に関する事項

●身分事項欄の記載事項（誰の身分事項欄に記載するか・同規則35条）

・出生に関する事項　子の欄

・認知に関する事項　父、子の欄

・養子縁組・離縁の事項　養親、養子の欄

・特別養子縁組・離縁の事項　養子の欄（養子が外国人の場合は養親の欄）

・離縁の際に称していた氏を称することに関する事項　その氏を称した者の欄

・婚姻・離婚　夫、妻の欄

・離婚の際に称していた氏を称することに関する事項　その氏を称した者の欄

・親権・未成年者の後見　未成年者の欄

・死亡・失踪の事項　死亡者、失踪者の欄

・生存配偶者の復氏・姻族関係終了の事項　生存配偶者の欄

・推定相続人の廃除　廃除された者の欄

・子の改氏・成年後の復氏による入籍に関する事項　入籍者の欄

・分籍に関する事項　分籍者の欄

・国籍の得喪　国籍取得者、喪失者の欄

・日本国籍の選択の宣言・外国の国籍の喪失に関する事項　宣言者、喪失者の欄

・氏の変更　氏を変更した者の欄

・名の変更　名を変更した者の欄

・就籍に関する事項　就籍者の欄

・性別の取扱いの変更に関する事項　変更の裁判を受けた者の欄

（同規則36条）

・死亡による婚姻の解消　生存配偶者の欄

・外国人の夫、妻の国籍に関する事項　外国人を夫、妻にした者の欄

4 戸籍の誤りを見つけたときは

★戸籍の訂正または再製をする

戸籍訂正には家庭裁判所の審判が必要な場合もある

　戸籍は、夫婦関係や親子関係を証明する公的書類ですから、内容に誤りがあることは許されません。しかし実際には、届出内容に間違いがあったり、届出を受理した市町村が記載ミスをすることがあります。また、本人の知らぬ間に勝手に婚姻届や離婚届が出され、戸籍上に結婚や離婚の記載がされてしまうこともあるのです。

　このように、戸籍に誤りや偽りの記載があるとわかった場合、戸籍は訂正されます（次頁図参照）。ただし、市町村のミス以外の原因による訂正は、本人や親族など法律の定めた利害関係人が家庭裁判所に**審判**（裁判の場合もある）を申し立て、その許可を得なければ戸籍訂正はできません（戸籍法一一三条、一一四条）。また、裁判所の許可が下りたら、一か月以内に市町村に訂正の届出をする必要があります。

　具体的な戸籍の訂正方法は、電子化で大きく変わりました。電子化前は訂正個所を―で消し、その横に正しく書き直していました（**サンプル９-①**参照）。しかし電子化後は、訂正する父母欄や続柄（つづきがら）、身分事項は**サンプル９-②**のように訂正後の正しい内容を書き、その後ろに訂正日や訂正原因を記載するという方法です。

●戸籍の記載内容を訂正する手続き

戸籍の記載内容に誤りがある

市町村のミスなどが原因の場合
- 誤記など戸籍や届書の記載から訂正の内容および事由が明らかな場合

市町村長が訂正の許可求める
※軽微な誤記は、各市町村長の職権で訂正が可能

法　務　局

戸籍訂正許可が出る

市町村以外に原因がある場合
- 届出者の記載ミス
- 脅迫、詐欺、または本人に無断の届出等、第三者による虚偽の届出の場合
- 性同一性障害で戸籍上の性別を変える場合
- 姓（氏）または名を変更する場合・など

本人が戸籍訂正許可の審判申し立てる（裁判による判決で訂正する場合もある）

家庭裁判所

審判
⇨戸籍訂正許可の決定が出る

1か月以内に訂正申請

審判書と届出書を提出

市（区）役所・町村役場

戸籍の訂正または戸籍の再製を行う

どちらも、夫が妻の生んだ子が自分の子ではない（嫡出性の否認という）ということを裁判で勝ち取り、戸籍を訂正した例ですが、電子化後の子の父母欄をみてください。

父親の欄が空欄になっています。夫婦の戸籍ですから、訂正により夫の名前が消されたわけです。また身分事項欄に「消除」とあり、父子関係が消されたこともわかります（子は相続権を失うが、籍はこのまま父の戸籍に残る）。

なお、たとえ虚偽の届出でも、戸籍にはその訂正の事実とともに、虚偽の届出の記載も残ります。無断で婚姻届を出された場合など、訂正はできても、そのままでは「婚姻」という身分事項欄の記載は消えません。このような虚偽や錯誤による届出を訂正する場合、本人の申出により、身分事項欄から「婚姻」や「消除」の部分が消された新しい戸籍を作る（再製という）こともできます（同法一一条の二）。

【サンプル9-①】戸籍を訂正したとき（嫡出否認をした戸籍・電子化前）

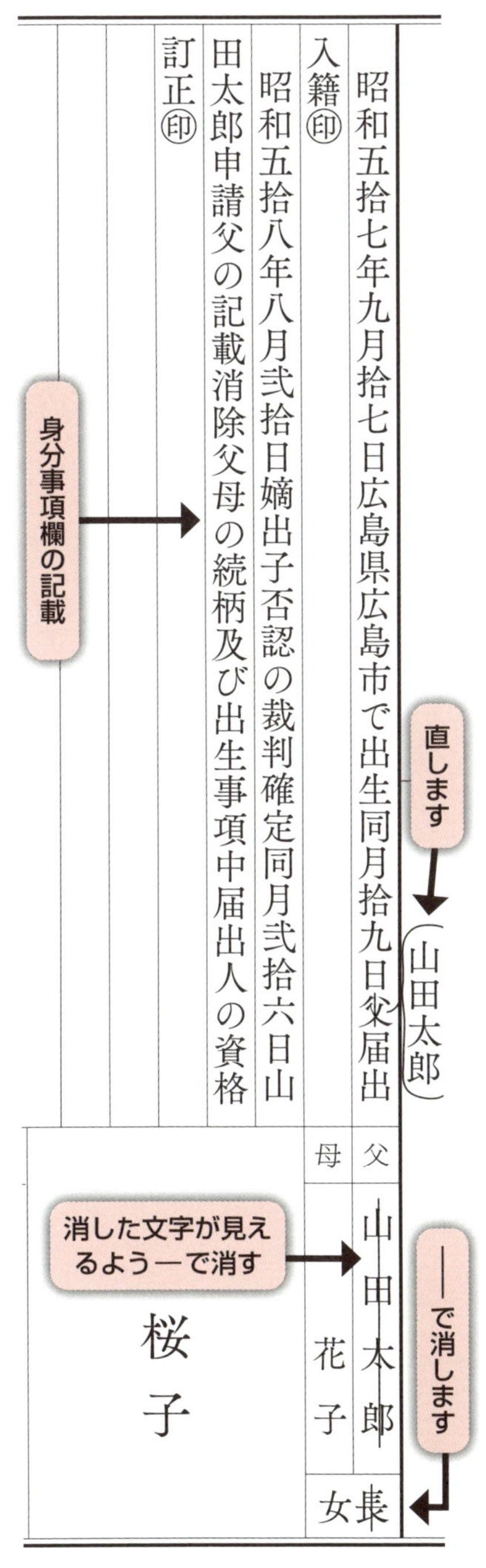

【サンプル９ - ②】
戸籍を訂正したとき（嫡出否認をした戸籍・電子化後）

訂正後

全部事項証明

本　籍	東京都大田区○○三丁目５番地
氏　名	谷村　昌彦

戸籍に記録されている者	【名】昌子 【生年月日】平成２０年１２月２５日 【父】 ← 訂正前：谷村昌彦 【母】谷村桜子 【続柄】長女 ← 訂正前：長女（下欄＊）
身分事項 出　生	【出生日】平成２０年１２月２５日 【出生地】東京都大田区 【届出日】平成２０年１２月２７日 【届出人】谷村昌彦 ← 訂正前：父
訂　正	【訂正日】平成２１年４月２８日 【訂正事由】嫡出子否認の裁判確定 【裁判確定日】平成21年４月24日 【申請日】平成２１年４月２８日 【申請人】谷村昌彦 【従前の記録】 　【届出人】父
消　除	【消除日】平成２１年４月２８日 【消除事項】父の氏名 【消除事由】嫡出子否認の裁判確定 【裁判確定日】平成２１年４月２４日 【申請日】平成２１年４月２８日 【申請人】谷村昌彦 【従前の記録】 　【父】谷村昌彦
	以下余白

＊訂正前と訂正後で同じ「長女」と、文字は変わりませんが、訂正前は父・母の嫡出子としての「長女」であったものが、嫡出否認による訂正後のそれは父の子ではない前提つきの「長女」（母の子ではあるので、この戸籍内の家族構成において仮に「長女」と位置づける）と、含む意味合いが変わります。そして、その下の身分事項欄を見ると、そのいきさつがわかるよう「訂正事由」などが示されているわけです。なお、平成16年11月1日の戸籍法施行規則（33条1項及び付録6号）の改正より前には、非嫡出子は単に「男」「女」と記されていましたので、前頁の例にみられるように嫡出否認後には「長女」→「女」と変更されていたのでした。

戸籍の急所

長男が二人いる?!

――続柄の意味も時代によって変わる?!

〔この項・國部〕

この章には戸籍の訂正についての解説があります。

しかし、この戸籍の訂正の中に、密かに長く苦しい思いをしてきた人たちの希望の扉になっている項目があります。それが「性同一性障害で戸籍上の性別を変える場合」です。最近でこそ「ＬＧＢＴ」などの言葉を聞く機会が増え、性的なマイノリティーの権利が問題になっていることが見えるようになってきました。しかし、かつては、同性愛を初めとしてこれらは精神疾患の一種とみなされ、治療の対象と考えられてきました。

これは、人の性自認（自分の性別をどう認識するか）と性的指向（どの性別を恋愛の対象とするか）の問題であり、本来は病気や障害ではないはずです。しかし、多くの人（生物学的な性別と同じ性別を自認し、異性を恋愛の対象とする人）にとっては少数者の心情が理解しにくいだけに、少数者が社会的な偏見にさらされ、精神的なダメージを受けることが多いのは事実です。

日本では、この問題に対する取り組みが遅れていましたが、平成一五年に性別の変更を認める法律ができました。最初は性別変更のハードルは高く、特に「子がいないこと」という条件は、本人の意思では変えようがない事情であることから、最初から批判がありました（その後、「未成年の子がいないこと」に変更）。そして、残った大きなハードルが、「生殖機能の喪失」と「外性器の形状」についての条件です。これについては、自分の身体を傷つけて生殖能力を無くし、見た目も変えないと、戸籍上の性別変更を認めないものと理解されてきました。

裁判所は、当初はこれらの各規定は憲法に違反しないとしていましたが、令和五年一〇月二五日の最高裁大法廷判決で、「生殖機能の喪失」の要件が憲法一三条に違反する、という判断が示されました。判決理由ではいろいろな考慮が示されていますが、社会環境の変化に伴い、手術を強制するような扱いは当事者に与える制約が大きすぎると考えるべき時代になった、という変化が見て取れます。

そして、残る「外性器の形状」の要件についても、令和六年七月に広島高等裁判所で、やはり手術を強制するような扱いはおかしい、という判断が示されるに至っています。これらの司法判断を受けて、国会でもやっと議論が始まったようであり、今後の動向が注目されます。

ところで、性別を変更した場合、戸籍の扱いはどうなるでしょうか。

実は戸籍には「性別」欄がありません。戸籍に記載されているのは「長男」「長女」という「続柄」です。もし性別欄だけであれば、性別欄を訂正すればいいので、それほどの混乱はありません。しかし、続柄を変えるとなると、ややこしい問題が生じます。例えば、「長女」「長男」の戸籍で、「長女」が性別変更をすると『長男』になるのか、その場合今までの「長男」は『二男』に繰り下がるのか、など、疑問が生じます。

これについては、性別の変更は他の人に影響を及ぼさない、という原則があり、訂正されるのはあくまで本人の戸籍だけで、きょうだいの戸籍には影響しません。ただ、そうすると、「長男」が二人いることになります。そこで法律は、性別を変更した人については新しい戸籍を編製する、と定めて、変更した人はそれまでの戸籍から抜けることにしました。ですから、「同じ戸籍に」「同時に」長男が二人いるという状態は起きません。

それでも、戸籍全体でみれば、「長男」が二人いることになります。この「続柄」の問題が今後どうなるか、社会の意識の変化と共に注目に値すると思います。

第3章

戸籍の調べ方・取り方はどうするか

この章の内容は……

1・戸籍と除籍はどう違うか
2・改製原戸籍とはどんな戸籍をいうのか
3・謄本（全部事項証明書）と
抄本（個人事項証明書）の違いは？
4・戸籍（謄本、全部事項証明書）の
取り方はどうするか

1 戸籍（謄本）と除籍（謄本）はどう違うか

★除籍謄本は全員いなくなってカラになった戸籍の写し

在籍者がいなくなると戸籍簿から除籍簿に移る

亡くなった人の遺産（たとえば銀行預金）を相続する場合、遺族は銀行から、戸籍謄本の他、除籍謄本も取るよう求められます。除籍謄本を取るのは、戸籍をさかのぼり、相続人が他にいないかを確認するためです（三二頁参照）。戸籍謄本は現在の夫婦関係や親子関係（身分関係という）を証明する書類ですが、除籍謄本はその戸籍謄本が作られる前の亡くなった人（被相続人）の身分関係を証明する書類です。

たとえば、結婚すると夫婦の新戸籍が作られますが、夫と妻はそれまで籍のあった親の戸籍からは除かれます（除籍という）。離婚（配偶者が筆頭者の場合）や分籍、死亡のときも同様で、その人の記載は元の戸籍から除籍されるのです。具体的には、その人の身分事項欄に『除籍』の文言や除籍理由などが記載されます（四〇頁、サンプル5-②参照）。

戸籍に記載されている人全員が除籍されると、その戸籍は戸籍簿から除かれて（消除という）、除籍簿に移されます（戸籍法一二条、次頁図参照）。この除籍簿は、戸籍簿と同様、本籍地の市町村（東京二三区と政令指定都市は区）が年ごとにまとめて保存しています。

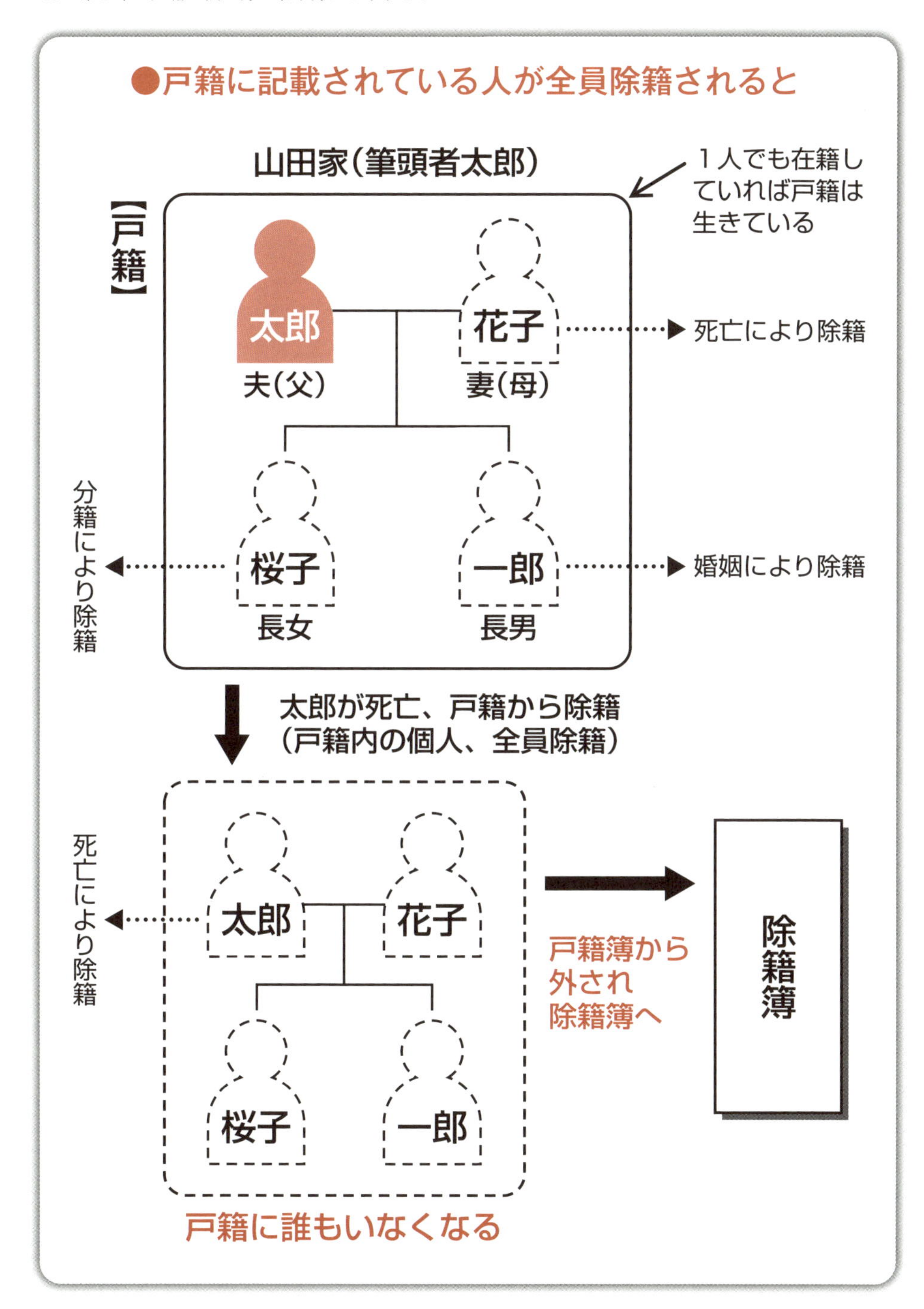
●戸籍に記載されている人が全員除籍されると
山田家(筆頭者太郎)
１人でも在籍していれば戸籍は生きている
【戸籍】
太郎
夫(父)
花子
妻(母)
死亡により除籍
分籍により除籍
桜子
長女
一郎
長男
婚姻により除籍
太郎が死亡、戸籍から除籍
(戸籍内の個人、全員除籍)
死亡により除籍
太郎
花子
桜子
一郎
戸籍簿から外され除籍簿へ
除籍簿
戸籍に誰もいなくなる

この除籍簿につづられた戸籍の記載内容は、その戸籍が除籍されたとき（個人は各自が除籍された時点）のもので、現在の身分関係を証明する戸籍に対し、いわば死んだ戸籍です。当然、戸籍簿につづられている戸籍にはない身分関係が載っている可能性もあります。そんなわけで、相続の場合には、過去の除籍謄本すべてを取り寄せなければならないのです。

【サンプル10－①】除籍になった戸籍（電子化前）

除籍

欄外に印字されている（戸籍に残っている人がいないことを表わす）

本籍	広島県広島市○○区△△一丁目九番地 弐番地	昭和五拾弐年六月九日編製㊞
氏名	山田太郎	平成弐拾×年四月五日消除㊞

昭和弐拾六年拾月七日広島県広島市で出生同月拾五日父届出入籍㊞

昭和五拾弐年六月九日田中花子と婚姻届出広島県広島市○○区△△一丁目九番地山田竜郎戸籍から入籍㊞

昭和六拾年壱月拾六日妻花子死亡㊞

平成弐拾×年四月弐日午後四時弐参分広島県広島市で死亡同月五日親族谷村桜子届出除籍㊞

父	山田竜郎	長男
母	久乃	
夫	太郎	

【サンプル10 - ②】除籍になった戸籍（電子化後）

「除籍」と印字
（この戸籍に誰も残っていないことを表します）

除　　籍	（1の1） 全部事項証明
本　　籍 氏　　名	広島県広島市○○区△△一丁目２番地 山田　太郎
戸籍事項 戸籍改製 戸籍消除	【改製日】平成２×年1月１日 【改製事由】平成６年法務省令第５１号附則第２条第１項による改製 【消除日】 平成２×年４月５日
戸籍に記録されている者 除　籍	【名】太郎 〈以下省略〉

太郎が除籍されたことを表わします

★サンプル10の解説

一つの戸籍で、そこに載っている人全員が除籍されると、その戸籍は役割を終え、閉鎖されます。具体的には、戸籍事項欄に、戸籍を**消除**したことと消除日が書き込まれ、電子化前の戸籍の場合、用紙の右上欄外に除籍のハンが押されて戸籍簿から除籍簿に移されます（サンプル10 - ①参照）。電子化後は、用紙の左上にハンに代わって除籍の印字です（サンプル10 - ②参照）。

除籍簿はその年ごとにまとめられ（平成二×年除籍簿など）、一五〇年間保存されます（戸籍法施行規則五条四項）。なお、除籍された戸籍も戸籍謄本同様、本人や一定の関係者は除籍謄本を取ることができます。この除籍謄本には、末尾の欄外に、「除籍の原本と相違ない」という市町村長の証明（または認証）文言が書かれています。

2 改製原戸籍とはどんな戸籍をいうのか

★法律が改正され、戸籍はコンピューター化されることになった

改製原戸籍も除籍された戸籍

戸籍の記載方法や記載内容については、具体的なひな形とともに、戸籍法と戸籍法施行規則に規定があります。しかし、このひな形や記載方法は明治以来、何度か改められ、新基準の戸籍に改製されてきました。最も新しい基準は平成六年の法改正によるものです。この改正のポイントは、戸籍事務のコンピューター化（電子化という）で、従来の戸籍用紙（紙）による保存方法から、磁気ディスクに記録する方法に改められました。また、戸籍が縦書きから横書きに変わっています。

なお、電子化は市町村ごとの事情を考慮し、実施時期は一律ではありませんでしたが、令和二年までにすべての自治体で終了しています。電子化の済んだ市町村では、婚姻などを理由として作られる新戸籍はすべて横書きです。

ところで、この法改正により新基準の戸籍に作り替えることを改製（かいせい）と言います。婚姻や分籍、転籍と同じように、戸籍の編製理由です（戸籍事項欄に記載される。サンプル11 - ②参照）。

一方、新戸籍に作り替えられた元の戸籍を改製原戸籍と言います。そのまま、「かいせいげんこせき」と呼んでもかまいません。ただ、新基

準の戸籍を「現行戸籍」、また現在生きている戸籍（戸籍簿にある戸籍）を「現戸籍」などと言うため、聞き間違いをしないよう「かいせいはらこせき」と呼ぶ市役所もあります。この改製原戸籍も除籍の一種です。

遺産相続のため、本籍地の市区役所や町村役場に必要な戸籍謄本や除籍謄本を請求すると、窓口で、「げん戸籍（改製後の現行戸籍）ですか」「はら戸籍（改製原戸籍）ですか」などと聞かれることがあります。

【サンプル11-①】電子化前の戸籍（平成改製原戸籍）

改製原戸籍

平成六年法務省令第五十一号附則第二条第一項による改製につき平成弐拾×年壱月壱日消除㊞

戸籍がコンピューター化された場合、元の戸籍にはこの文言が記載される

本籍　広島県広島市〇〇区△△一丁目~~九番地~~弐番地

氏名　山田[illegible]郎

昭和五拾弐年六月九日編製㊞

平成五年参月六日△△一丁目弐番地に転籍届出㊞

昭和弐拾六年拾月七日広島県広島市で出生同月拾五日父届出入籍㊞

昭和五拾弐年六月九日田中花子と婚姻届出広島県広島市〇〇区△△一丁目九番地山田竜郎戸籍から入籍㊞

父　山田竜郎　長男

母　久乃

【サンプル11 - ②】改製により電子化された戸籍

	（1の1） 全部事項証明
本　　籍 氏　　名	広島県広島市○○区△△一丁目２番地 山田　太郎
戸籍事項 　戸籍改製	【改製日】平成２×年1月１日 【改製事由】平成６年法務省令第５１号附則第２条第１項による改製
戸籍に記録されている者	【名】太郎 〈以下省略〉

改製により作られた戸籍であることを表わす

★サンプル11の解説

サンプル11 - ②は、法改正により改製（電子化）された戸籍の一部です。戸籍事項欄には、「戸籍改製」と記載され、その右の欄に改製日と改製理由が書かれています。これを見ると、今回の改製は、「平成六年法務省令第五一号」によるものとわかります。一方、元の戸籍（改製原戸籍）にも、実は同じことが書かれているのです（前頁サンプル11 - ①参照）。

11 - ①をみてください。右欄外に、改製原戸籍というハンが押されています。この戸籍が改製により除籍（消除という）された戸籍だとわかります。その下には、「平成六年法務省令第五一号」による改製で、平成二×年一月一日（11 - ②の改製日と同日）に消除したとあり、11 - ②の戸籍事項欄と文言は多少違いますが、同じことが書かれているのです。このことから、①の戸籍が②に引き継がれたこともわかります。

3 戸籍謄本（全部事項証明書）と戸籍抄本（個人事項証明書）とは

★謄本は戸籍記載事項すべてを抄本は特定の個人を証明する

電子化により戸籍謄本は全部事項証明書に

戸籍は日本国民の身分を証明し、その個人の出生から死亡までの身分関係（親子関係や夫婦関係など）を記載した公の書類です。本籍地の市町村（東京二三区と政令指定都市は区）が、夫婦とその間に生まれた子どもごとに戸籍を作り、戸籍簿にまとめ管理しています（管轄法務局で副本を保管。戸籍法七条、八条。電子化後〔磁気ディスク〕の戸籍簿や除籍簿の副本は、令和元年五月三一日の改正戸籍法で法務大臣が保存することになった。法一一九条の二）。

相続手続きやパスポートの申請をする場合には、戸籍簿のコピーが必要です（次頁**サンプル12**参照・電子化後のサンプル）。戸籍に載っている全員の記載事項をコピーしたものを**戸籍謄本**、特定の個人の記録だけコピーしたものを**戸籍抄本**と言いますが、電子化された戸籍では、戸籍謄本は**（戸籍）全部事項証明書**、戸籍抄本は**（戸籍）個人事項証明書**（一部事項証明書ともいう）と呼び方が変わりました。

なお、婚姻届、離婚届、転籍届などの届出を本籍地以外の市町村に届け出る場合、添付書類として戸籍謄本が必要でしたが、令和六年三月一日から原則添付は不要です（一六四頁参照）。

（2の1）　全部事項証明

本　　籍 氏　　名	千葉県我孫子市○○五丁目６番地 佐藤　愛子
戸籍事項 戸籍編製	【編製日】平成２０年６月５日
戸籍に記録されている者	【名】愛子 【生年月日】昭和５９年６月２１日　【配偶者区分】妻 【父】佐藤祐介 【母】佐藤由紀 【続柄】長女
身分事項 出　　生	【出生日】昭和５９年６月２１日 【出生地】千葉県我孫子市 【届出日】昭和５９年６月２６日 【届出人】父
婚　　姻	【婚姻日】平成２０年６月５日 【配偶者氏名】山田一郎 【従前戸籍】千葉県我孫子市○○五丁目６番地　佐藤祐介
戸籍に記録されている者	【名】一郎 【生年月日】昭和５５年３月１０日　【配偶者区分】夫 【父】山田太郎 【母】山田花子 【続柄】長男
身分事項 出　　生	【出生日】昭和５５年３月１０日 【出生地】広島県広島市 【届出日】昭和５５年３月１６日 【届出人】父
婚　　姻	【婚姻日】平成２０年６月５日 【配偶者氏名】佐藤愛子 【従前戸籍】広島県広島市○○区△△一丁目２番地　山田太郎

発行番号　00-0002　　以下次頁

〔おさらい〕戸籍には、本籍欄と個人欄があります。個人欄は、本籍欄・戸籍事項欄の後で、戸籍筆頭者、配偶者、子ども（原則出生順）の順です。20頁の**サンプル１**（電子化前の戸籍謄本＝縦書き）と比べてください。

戸籍に記録されている者	【名】祐 【生年月日】平成２１年４月７日 【父】佐藤一郎 【母】佐藤愛子 【続柄】長男
身分事項 出　　生	【出生日】平成２１年４月７日 【出生地】東京都港区 【届出日】平成２１年４月１４日 【届出人】父 【送付を受けた日】平成２１年４月１６日 【受理者】東京都港区長
	以下余白

発行番号　00-0002

これは、戸籍に記録されている事項の全部を証明した書面である。

令和６年５月１０日

我孫子市市長　〇〇　〇〇　　職　印

★サンプル12、13の解説

サンプル12は、佐藤愛子さんを戸籍筆頭者とする家族（夫婦と子）の全部事項証明書です。これによると、佐藤さん夫婦は、愛子さんの本籍地の千葉県我孫子市で、平成二〇年六月五日に婚姻届を出し、翌二一年四月一四日に東京都港区で、長男祐君の出生届を出したことがわかります。

在籍者の本人確認や現在の身分関係の確認だけなら、この全部事項証明書を取れば十分です。しかし、たとえば夫一郎さんが急逝、相続問題が起こると、この他、一郎さんの出生時（昭和五五年三月一〇日）から結婚するまでの戸籍（除籍）謄本が必要となります。

なお、次頁のサンプル13は一郎さんの個人事項証明書です。

【サンプル13】（戸籍）個人事項証明書

（1の1）　個 人 事 項 証 明

本　　籍	千葉県我孫子市〇〇五丁目６番地
氏　　名	佐藤　愛子
戸籍事項 戸籍編製	【編製日】平成２０年６月５日
戸籍に記録されている者	【名】一郎 【生年月日】昭和５５年３月１０日　【配偶者区分】夫 【父】山田太郎 【母】山田花子 【続柄】長男
身分事項 出　　生	【出生日】昭和５５年３月１０日 【出生地】広島県広島市 【届出日】昭和５５年３月１６日 【届出人】父
婚　　姻	【婚姻日】平成２０年６月５日 【配偶者氏名】佐藤愛子 【従前戸籍】広島県広島市〇〇区△△一丁目２番地　山田太郎
	以下余白

発行番号　00-0003

これは、戸籍の中の一部の者について記録されている事項の全部を証明した書面である。

令和６年５月１０日

我孫子市市長　〇〇　〇〇　職　印

【戸籍謄本と戸籍抄本の使いわけ】

謄本には公布日にその戸籍に載っている人全員についての情報が載っています。しかし、抄本にはサンプル13のように、筆頭者を除けば証明が必要な特定の個人の情報以外は載りません（その戸籍に他に何人載っているかもわからないということ）。

たとえば、相続手続きやパスポートの申請には本籍地の市町村が交付した戸籍謄本（全部事項証明書）が必要です。抄本（個人事項証明書）では受け付けてもらえません。ただし、住宅ローンの申込み、年金の請求手続きでは、謄本あるいは抄本を求められます。もちろん、謄本を渡してもかまいませんが、戸籍は大切な個人情報ですから、わざわざ余分な情報を与えることもないでしょう。なお、結婚や離婚の届出にも、従来は戸籍謄本の添付が必要でしたが、令和６年３月１日から、原則謄本の添付は不要になりました。

4 戸籍（謄本、全部事項証明書）の取り方はどうするか

★本籍地の市役所や町役場に請求する

謄本は最寄りの市町村でまとめて取れる

戸籍に記載された本人、配偶者、直系尊属、直系卑属以外の人が、戸籍謄本（全部事項証明書）や抄本（個人事項証明書）など、戸籍証明書の交付を請求するには正当な理由が必要です（戸籍法一〇条、一〇条の二、一二条の二）。

請求には、本籍地の市町村に「**戸籍に関する証明書の請求書**」（七五頁サンプル14－①参照）を出しますが、請求する人（実際に窓口に来た人）の**身分が確認できる証明書**を見せる必要があります。具体的には、マイナンバーカード、運転免許証、パスポートなど顔写真付がベストです（健康保険証など顔写真のないものは他にもう一点程度、呈示を求められる。有効な証明書は市町村により若干異なる）。なお、偽りその他、不正な手段で戸籍謄本などを入手した場合、三〇万円以下の罰金です（同法一三五条）。

これまで、本籍地の市町村に請求する方法は、①窓口申請の他に、②郵送（七六頁サンプル14－②、七七頁サンプル15参照）、③オンライン申請（一部自治体。申請できるのは、本人、配偶者、直系親族のみで、マイナンバーカードと公的個人認証アプリのインストールが必要）、④コンビニ申請（マイナンバーカードが必要。

取れる戸籍は本人および本人と同一戸籍の人の現在の戸籍のみ）の四種類でした。

そのため、本籍地が遠方にある場合、結婚や離婚、転籍など本籍地を複数変更した場合には、各区市町村から戸籍謄本を取り寄せなければならず、非常に手間がかかっていました。しかし、戸籍法が改正され、令和六年三月一日からは、原則、最寄りの市町村（本籍地でなくてもよい）の窓口で請求でき、また、まとめて取れるよう手続きが便利になりました（**広域交付**という。七八頁**サンプル16**）。

ただし、広域交付が使えるのは、戸籍に記載された本人、その配偶者、直系親族だけで、また戸籍抄本（個人事項証明書）、附票、電子化されていない戸籍謄本や除籍謄本などは、これまで通り、本籍地に請求しなければなりません。

なお、改正では他に、結婚や離婚、養子縁組などの届出をする際、戸籍謄本や抄本の添付が原則不要に変わっています（一六四頁参照）。

●戸籍に関する証明書（抜粋）　（　）内は電子化された戸籍の呼び名

種類	内容（請求できる人）	手数料
戸籍謄本 （戸籍全部事項証明）	戸籍に記載されている人全員について証明（本人、配偶者、直系親族以外は使用目的を具体的に書く必要がある）	450円 （窓口）
戸籍抄本 （戸籍個人事項証明）	戸籍に記載されている人のうち、必要な個人についてだけ証明する（本人、配偶者、直系親族以外は使用目的を具体的に書く必要ある）	450円 （窓口）
除籍謄本 （除籍全部事項証明）	除籍になった戸籍の記載者全員について証明（本人、配偶者、直系親族の他、正当な理由ある人だけが請求できる）	750円
除籍抄本 （除籍個人事項証明）	除籍になった戸籍に記載されている人のうち、必要な個人についてだけ証明（本人、配偶者、直系親族の他、正当な理由ある人だけが請求できる）	750円
改製原戸籍謄本	改製になった元の戸籍に記載されていた全員について証明（本人、配偶者、直系親族の他、正当な理由のある人だけが請求できる）	750円
改製原戸籍抄本	改製原戸籍に記載されていた人のうち、必要な個人についてだけ証明する（本人、配偶者、直系親族の他、正当な理由ある人だけが請求できる）	750円

この他、戸籍の附票（36頁参照）、戸籍届受理証明書（戸籍の届出が済んだ証明）、不在籍証明書（本籍地とする番地に証明が必要な人の戸籍がないことを証明）などがあります。詳しくは、本籍地のある各市町村に聞いてください。

【サンプル14-①】窓口用の交付請求書（結婚のため自分の戸籍を取る場合）

(注) 請求書の様式は市町村により異なります。

戸籍に関する証明書の請求書 （本庁舎・石神井庁舎窓口用）

練馬区長　宛　　　　令和 6 年 7 月 20 日

法で認められた理由がない限り、自分・配偶者・直系血族以外の戸籍は請求できません。偽りその他不正な手段により交付を受けたときは三十万円以下の罰金が科されます。

本　籍	練馬区 ◯◯ 2 丁目 3 番・番地
筆頭者（戸籍の最初に書かれている方）	フリガナ ヤマ ダ ジ ロウ 山田次郎 □明治 □大正 ☑昭和 □平成 □令和　年　月　日生
約1か月以内に戸籍の届出をされた方はご記入ください	月　日ごろ（　　）届を（　　）役所に届出済

証明書の種類	手数料	通数	証明書の種類	必要な方の名	手数料	通数
1 戸籍謄本（戸籍全部事項証明）	450円	1 通	2 戸籍抄本（戸籍個人事項証明）		450円	通
3 除籍謄本（除籍全部事項証明）	750円	通	4 除籍抄本（除籍個人事項証明）		750円	通
5 改製原戸籍謄本	750円	通	6 改製原戸籍抄本		750円	通
7 附票の写し（全部）	300円	通	8 附票の写し（一部）		300円	通
附票の除票の写し（全部）	300円	通	附票の除票の写し（一部）		300円	通
改製原附票の写し（全部）	300円	通	改製原附票の写し（一部）		300円	通
附票で証明したい特定の住所がある場合はお書きください（　　）						
9 受理証明書「　」届　年　月　日届出	350円	通	10 身分証明書 本人以外の方が請求する場合は委任状が必要です		300円	通
			12 戸籍一部事項証明		450円	通
11 届書の記載事項証明「　」届　年　月　日届出	350円	通	13 不在籍証明書		300円	通
使いみちを下の「請求理由」の欄にお書きください			14 その他証明書「　」		300円	通

本人確認のため、運転免許証・パスポート・個人番号カード・住民基本台帳カード・在留資格カードなどをご用意ください。

窓口に来た方	住　所	住所は住民登録をしているところを、ご記入ください。 埼玉県◯◯市◯◯丁目２番５号　平和ハイツ102
	氏　名	フリガナ ヤマ ダ シ ロウ 山田志朗 自署でない場合は、必ず押印をお願いします TEL ◯◯◯◯－◯◯－◯◯◯◯ □明治 □大正 □昭和 ☑平成 □令和　8 年 3 月 6 日生
	筆頭者からみて	□本人 □夫・妻 ☑子 □孫 □父母 □祖父母 □配偶者の父母・祖父母 □その他（　）
委任状がある場合　委任者（請求者）	住　所	□窓口に来た方と同じ（住所は記入不要）
	氏　名	フリガナ TEL　－　－ □明治 □大正 □昭和 □平成 □令和　年　月　日生
	筆頭者からみて	□本人 □夫・妻 □子 □孫 □父母 □祖父母 □配偶者の父母・祖父母 □その他（　）
請求理由		□年金手続き（国民年金・厚生年金・共済年金・年金基金）　提出先： □パスポートの申請手続きのため □（　）の手続きのため（　）へ提出 □（　）が死亡したことによる相続手続き →□（　）から（　）までのものが各（　）通 →□出生までさかのぼったものが各（　）通

職員記入欄

本人確認
□運転免許証
□パスポート
□個人番号カード
□在留資格カード
□写真付住基
□写真なし住基
□健康保険証
□年金手帳
□社員証
□その他

□聴聞

権限確認
□委任状
□その他

受付	発行	交付

手数料

【サンプル14 - ②】郵送請求用の交付請求書（相続のため請求する場合）

戸籍に関する証明書の請求書　（郵送請求用）

令和 6 年 9 月 24 日

本籍	練馬区〇〇　2 丁目　3 番・番地	
筆頭者（戸籍の最初に書かれている方）	フリガナ ヤマダ ジロウ 山田次郎	□明治 □大正 ☑昭和 □平成 □令和 45 年 6 月 20 日生
約1か月以内に戸籍の届出をされた方はご記入ください	9 月 2 日ごろ（本人死亡）届を（山梨県南アルプス市）役所に届出済	

証明書の種類	手数料	通数	証明書の種類	必要な方の名	手数料	通数
1 戸籍謄本（戸籍全部事項証明）	450円	通	2 戸籍抄本（戸籍個人事項証明）		450円	通
③除籍謄本（除籍全部事項証明）	750円	2 通	4 除籍抄本（除籍個人事項証明）		750円	通
⑤改製原戸籍謄本	750円	2 通	6 改製原戸籍抄本		750円	通
7 附票の写し（全部）	※300円	通	8 附票の写し（一部）		※300円	通
附票の除票の写し（全部）	※300円	通	附票の除票の写し（一部）		※300円	通
改製原附票の写し（全部）	※300円	通	改製原附票の写し（一部）		※300円	通
「本籍」「筆頭者」の記載を希望される方はチェックを入れてください → □			附票で証明したい特定の住所がある場合はお書きください →（　）			
9 受理証明書「　」届　年　月　日届出	350円	通	10 身分証明書 本人以外の方が請求する場合は委任状が必要です		※300円	通
11 届書等情報内容証明書 届書の記載事項証明「　」届　年　月　日届出	350円	通	12 戸籍一部事項証明		450円	通
			13 不在籍証明書		※300円	通
使いみちを下の「請求理由」の欄にお書きください			14 その他証明書（独身証明書や電子証明書提供用識別符号など）「　」			通

証明したい事項（誰の何を証明したいか）　例：父の死亡と請求者が父の子であること　「　」

※印の手数料は「練馬区」の手数料です。他市区町村へご請求の場合にはご確認ください。

請求者		
住所	住所は現住所をご記入ください。 〒 〇〇〇 - ×××× 埼玉県〇〇市〇〇丁目2番5号　平和ハイツ102	
氏名	フリガナ ヤマダ シロウ 山田志朗　㊞ 自署でない場合は、必ず押印をお願いします	□明治 □大正 □昭和 ☑平成 □令和 8 年 3 月 6 日生
電話番号	000 - ×××× - 0000	メールアドレス（海外から請求の場合）
筆頭者からみて	□本人 □夫・妻 ☑子 □孫 □父母 □祖父母 □配偶者の父母・祖父母 □その他（　）	

請求者の本人確認ができる書類（住所が記載されているもの）のコピーを同封してください。

□運転免許証　□健康保険証　☑個人番号カード　□住民基本台帳カード　□在留カード　□住民票

請求理由

□年金手続き ※手数料はかかりません。「公的年金専用」と表示しますので年金基金等の場合は選択しないでください。
→（□国民年金 □厚生年金 □共済年金）→ 提出先（　）

□パスポートの申請手続きのため

□（　）の手続きのため（　）へ提出

☑（父　山田次郎）が死亡したことによる相続手続き
→ ☑（練馬区転籍）から（死亡）までのものが各（2）通
→ □出生までさかのぼったものが各（　）通

【サンプル15】戸籍謄本などを郵送で請求するときの送り状（メモ）

練馬区役所
戸籍係御中

【注】戸籍にまだ在籍者がいる場合、除籍謄本ではなく、「山田次郎」が除籍された戸籍謄本を請求します

前略
父山田次郎は、練馬区○○２丁目３番に本籍がありますが、去る８月29日死亡しました。相続のため、同人死亡までの除籍謄本が必要です。
貴区内に在籍した平成６年５月10日～令和６年８月29日（広島県広島市○○区△△１丁目９番地山田竜郎を筆頭者とする戸籍から分籍、現本籍地に転籍してから死亡まで山田次郎を筆頭者とする除籍）についての証明書をお送りください。
各２通、お願いします。
なお、①戸籍に関する証明書の請求書１通、②定額小為替3,000円分、③請求者山田志朗の本人確認のためのマイナンバーカードのコピー、④返信用封筒を同封しますが、不足分などがあれば、ご連絡ください。
ご多忙とは存じますが、よろしくお願いいたします。　以上
令和６年９月24日　山田志朗

【解説】本籍地の窓口に出向けない場合は、郵送請求もできます。本籍地の市町村役場に、郵送請求用の交付請求書（**サンプル14-②**）、手数料、本人確認書類、切手を貼った返信用封筒など必要な書類を郵送すれば、請求した謄本などを送り返してもらえるのです（上のような送り状〈メモでよい〉を付けておくとミスを防げる）。

なお、交付請求書は各市町村により若干違います。交付請求する本籍地のホームページから郵送用の請求書をダウンロードして使うといいでしょう。また、必要な証明書の種類（山田次郎さんの場合、電子化前に練馬区で戸籍を作ったので、除籍謄本の他に改製原戸籍謄本も取らなければならない）、手数料はいくらかなど、本籍地の市町村に事前に確認してから郵送すると、二度手間を防げます。

ところで、相続手続きには、亡くなった人の出生から死亡までの除籍謄本が必要です。山田さんの場合、以前に本籍地だった広島市にも謄本を請求しなければなりません。しかも、郵送による請求は本籍地ごとにしなければならないのです。

本籍地がいくつもある場合は、最寄りの市町村でまとめて請求できる**広域交付**を利用すると、便利です（**次頁サンプル16**。詳しくは164頁参照）。

【サンプル16】広域交付を請求する場合の交付請求書

戸籍広域交付に関する証明書の請求書　（区民事務所窓口用）

練馬区長　宛　　令和 6 年 9 月 24 日

本籍	東京 （都）・道・府・県　練馬 市・（区）・町・村	（区）
	○○ 2 丁目 3 （番）・番地	
筆頭者 （戸籍の最初に書かれている方）	フリガナ ヤマダ ジロウ 山田次郎	明・大・（昭）・平 45 年 6 月 20 日生
約1か月以内に戸籍の届出をされた方は、ご記入ください	出生届・（死亡届）・婚姻届・離婚届・転籍届・その他（　　　） 9 月 2 日 南アルプス 区・（市）・町・村に届出	

	証明書の種類	手数料	通数
1	広域交付　戸籍謄本　（戸籍全部事項証明）	450円	2 通

証明したい事項（誰の何を証明したいか）　例：自分と父との関係を証明したい　「自分と夫との関係、夫の出生から死亡までの戸籍内容を証明したい」

※除籍・改製原戸籍は、練馬区役所および石神井庁舎の戸籍係で扱います。
※請求は、本人等請求（本人、配偶者、子、孫、父母、祖父母等からの請求）に限られます。
※委任状による請求はできません。

窓口に来た方	本人確認のため、運転免許証・パスポート・個人番号カード・住民基本台帳カード・在留資格カード等をご用意ください
	住所　練馬区○○２丁目３番５号
	フリガナ ヤマダ ヨウコ　TEL 03（○○○）××××
	氏名　山田洋子　明・大・（昭）・平 50 年 3 月 3 日生 自署でない場合は、必ず押印をお願いします
	筆頭者からみて　□本人 ☑夫・（妻） □子 □孫 □父母 □祖父母 □配偶者の父母・祖父母 □同籍者（続柄　　） □その他（　　）

請求理由	□ 年金手続き（国民年金　厚生年金　共済年金　年金基金）提出先：
	□ 国や地方公共団体に提出（提出先と理由：　　　）
	☑（　相続　）の手続きのため（ 金融関係 ）へ提出

職員記入欄
本人確認
□運転免許証
□パスポート
□在留カード等
□個人番号カード
□写真付住基
受付時間
：
区民事務所
受付	作成	審査

手数料

法で認められた理由がない限り、自分・配偶者・直系血族以外の戸籍は請求できません。偽りその他不正な手段により交付を受けたときは三十万円以下の罰金が科されます。

戸籍の急所

「生まれた子の父親」はどのようにして決めるか

——法改正により、「本当の父親」がきちんと認められるようになった

〔この項・國部〕

読者の皆さんは、生まれた子どもの「父親」と「母親」を決めるルールについて、法律がどうなっているのかご存じでしょうか。

母親については、比較的単純です。基本的には「子どもを産んだ人」が母親になります。生殖医療が発展して「卵子提供」「代理母」などが医学的に可能になったことで、出産した人と遺伝子的な母親とが違ってくることも起こるようになりました。これを法律上どのように扱うかは難しい問題がありますが、多くのケースでは、母親が誰であるかがわからない、ということはありません。

しかし、父親についてはそうはいきません。結婚している女性が妊娠出産した場合は、通常は母親の夫が子の父親でしょう。しかし、結婚していない女性、離婚した女性、離婚した後で別の男性と再婚した女性、更には、離婚した後で再婚したがまた離婚した女性など、「母親の夫」という基準だけでは父親を決められないケースがあることは想像していただけると思います。

これまでの民法では、このような場合、ともかく父親として法律上子の養育の責任を担うべき男性をまず決めて、子どもが父親の保護を受けられることを最優先する考え方でした。離婚後３００日以内に生まれた子は、前の夫が父親であると「推定」する、という規定を置き、あわせて、女性は離婚後半年間再婚できないことになっていました。これによって「推定」が重複することが避けられます。これは、一にも二にも、父親としての義務を果たすべき男性をきちんと決めて、生まれた子を保護する、というのが狙いでした。

しかし、ここで「戸籍制度」の存在が問題になります。嫡出推定の規定があるため、離婚から300日以内に出産した子については、仮に本当の父親は離婚後に交際を始めた男性であったとしても、離婚した夫の子として出生届を出さなければならず、子どもは前夫の戸籍に入ることになります。そして、前夫が「嫡出否認の訴え」を起こして自分は父親ではないと主張しない限り、本当の父親の戸籍に入ることはできません（判例で親子関係不存在の訴えが認められるようなケースは別です）。

しかも、夫の虐待が原因で離婚した女性の場合は、離婚後に居所を隠していても、子どもの出生届をすれば虐待夫に居所などを知られてしまう危険が生じることになります。そして、それを恐れて女性が子どもの出生届を出さないことになり、「無戸籍者問題」が生じることになりました。戸籍制度は良くも悪くも日本の社会に根付いており、戸籍がない人は、パスポートや運転免許証の取得、銀行口座の開設、会社への就職等いろいろな場面で不便を強いられる可能性があります。

この「無戸籍者問題」が社会問題として認識されたことで、嫡出推定の制度が大きく変わることになりました。令和四年に改正法が成立し、「直近の夫」が父親であると推定するという制度になりました（令和六年四月一日から施行）。そして、女性の再婚禁止期間も撤廃され、離婚後すぐに別の男性と入籍できるようになりました。これによって、本当の父親ときちんと婚姻届を出してから出産すれば、前夫が登場することはなくなったわけです。

ただし、婚姻関係が複数重なることになると、父親を一人に決めるのが難しくなる場合も出てくるかもしれません。そこで今回の改正法は、「嫡出否認の訴え」を子ども（実際は母親が代理人になります）からも起こせることにして、「本当の父親」をきちんと決める道を広げました。裁判所はほぼ例外なくＤＮＡによる親子鑑定を行って父子関係を決めるので、「本当の父親」が父親になれるようになったわけです。

第4章

結婚・離婚で戸籍はどうなるか

この章の内容は……

1・結婚すると新しく夫婦の戸籍が作られる
2・知らない間に婚姻届を出されたが
3・離婚により夫婦の戸籍はどうなるのか
4・夫の戸籍から出た妻の戸籍はどうなる
5・バツイチが消えるって本当？
6・国際結婚・国際離婚により夫婦の戸籍はどうなるか

1 結婚すると新しく夫婦の戸籍が作られる

★婚姻届を出さないと夫婦の新戸籍は作られない

夫婦の姓を元から名乗る方が新戸籍の筆頭者となる

戸籍は、夫婦とその間に生まれた夫婦と同じ姓を名乗る子（養子も含む）ごとに作られています。夫婦の子が結婚（**婚姻**）すると、その子は親（夫婦）の戸籍から独立して、結婚相手と新しく夫婦の戸籍を作ります（**新戸籍の編製**という。それぞれの親の戸籍からは除籍）。

この場合、夫婦の姓（氏という）に決めた姓を元々名乗っていた夫（または妻）が、新戸籍の筆頭者です。ただし、新戸籍は、夫婦が**婚姻届**（八四頁サンプル17参照）を、本籍地や住所地、あるいは結婚式を挙げた場所などの市町村（東京二三区と政令指定都市は区）に出さないと作られることはありません。

婚姻届の用紙は市町村の窓口でもらえます。届書に必要な事項を書き込み、夫婦になる二人と成人の証人二人が署名すれば、婚姻届は完成です（押印は任意になりました。次頁図の**注意点**参照）。後は、マイナンバーカードや運転免許証など届出人の本人確認ができる書類（七三頁参照）を持って、市役所の窓口に出すだけです（次頁図の**届出に必要な書類**参照）。

本人確認と書類審査が済み、婚姻届が役所に受理されると、法律上の結婚（**法律婚**という）

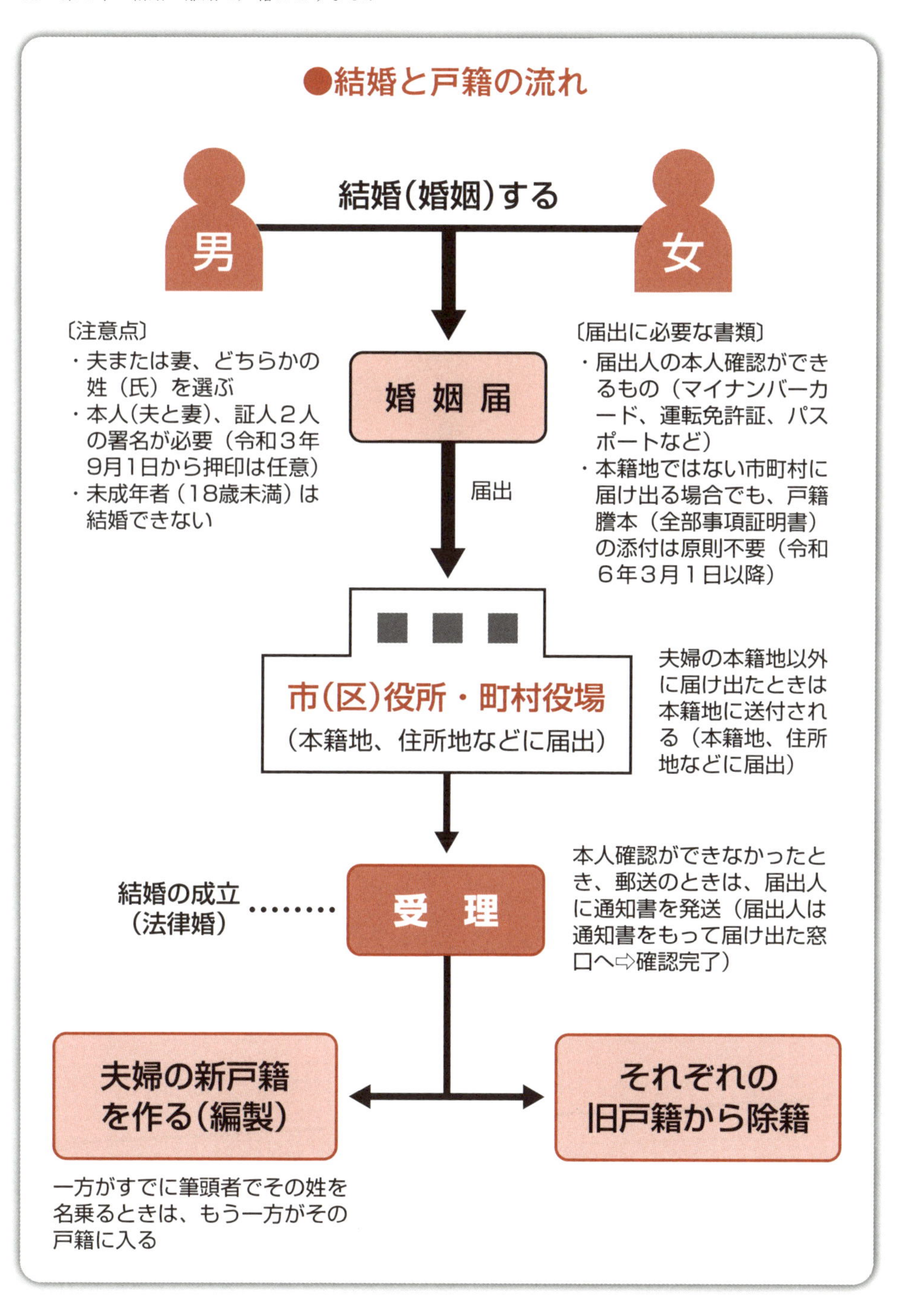
●結婚と戸籍の流れ
結婚（婚姻）する
男
女
〔注意点〕
・夫または妻、どちらかの姓（氏）を選ぶ
・本人（夫と妻）、証人２人の署名が必要（令和３年9月1日から押印は任意）
・未成年者（18歳未満）は結婚できない
婚姻届
〔届出に必要な書類〕
・届出人の本人確認ができるもの（マイナンバーカード、運転免許証、パスポートなど）
・本籍地ではない市町村に届け出る場合でも、戸籍謄本（全部事項証明書）の添付は原則不要（令和６年３月１日以降）
届出
市（区）役所・町村役場
（本籍地、住所地などに届出）
夫婦の本籍地以外に届け出たときは本籍地に送付される（本籍地、住所地などに届出）
結婚の成立
（法律婚）
受　理
本人確認ができなかったとき、郵送のときは、届出人に通知書を発送（届出人は通知書をもって届け出た窓口へ⇨確認完了）
夫婦の新戸籍を作る（編製）
それぞれの旧戸籍から除籍
一方がすでに筆頭者でその姓を名乗るときは、もう一方がその戸籍に入る

【サンプル17】婚姻届

※「婚姻届」の右側には証人二人（成人）が署名する欄がある（証人がないと受理されない）

婚　姻　届

平成20年　6月　5日届出

我孫子市　長　殿

受理　平成　年　月　日 第　号	発送　平成　年　月　日
送付　平成　年　月　日 第　号	長印

書類調査	戸籍記載	記載調査	調査票	附票	住民票	通知

	夫になる人	妻になる人
（よみかた） 氏名	やまだ　いちろう （氏）山田　（名）一郎	さとう　あいこ （氏）佐藤　（名）愛子
生年月日	昭和55年　3月　10日	昭和59年　6月　21日
住所 （住民登録をしているところ）	東京都北区△△3丁目 16 番地（番）　2号 世帯主の氏名　山田一郎	東京都港区○○7丁目 12 番地（番）　5号-818 世帯主の氏名　佐藤愛子
本籍 （外国人のときは国籍だけを書いてください）	広島県広島市○○一丁目 2 （番地）番 筆頭者の氏名　山田太郎	千葉県我孫子市○○五丁目 6 （番地）番 筆頭者の氏名　佐藤祐介
父母の氏名 父母との続き柄 （他の養父母はその他の欄に書いてください）	父　山田太郎 母　山田花子 続き柄　長男	父　佐藤祐介 母　佐藤由紀 続き柄　長女
婚姻後の夫婦の氏・新しい本籍	□夫の氏 ☑妻の氏 新本籍（左の☑の氏の人がすでに戸籍の筆頭者となっているときは書かないでください） 千葉県我孫子市○○五丁目　6　（番地）番	
同居を始めたとき	平成20年　4月（結婚式をあげたとき、または、同居を始めたときのうち早いほうを書いてください）	
初婚・再婚の別	☑初婚　再婚（□死別　□離別　年　月　日）	☑初婚　再婚（□死別　□離別　年　月　日）
同居を始める前の夫妻のそれぞれの世帯のおもな仕事と	夫　妻　1. 農業だけまたは農業とその他の仕事を持っている世帯 夫　妻　2. 自由業・商工業・サービス業等を個人で経営している世帯 夫　☑妻　3. 企業・個人商店等（官公庁は除く）の常用勤労者世帯で勤め先の従業者数が1人から99人までの世帯（日々または1年未満の契約の雇用者は5） ☑夫　妻　4. 3にあてはまらない常用勤労者世帯及び会社団体の役員の世帯（日々または1年未満の契約の雇用者は5） 夫　妻　5. 1から4にあてはまらないその他の仕事をしている者のいる世帯 夫　妻　6. 仕事をしている者のいない世帯	
夫妻の職業	（国勢調査の年…　年…の4月1日から翌年3月31日までに届出をするときだけ書いてください） 夫の職業	妻の職業
その他		
届出人署名押印	夫　山田一郎　印	妻　佐藤愛子　印
事件簿番号		

届出人および証人の押印は令和3年9月1日以降の届出では任意です

【サンプル18】婚姻により作られた新戸籍（電子化後）

	全部事項証明
本　　籍 氏　　名	千葉県我孫子市○○五丁目６番地 佐藤　愛子
戸籍事項 戸籍編製	【編製日】平成２０年６月５日
戸籍に記録されている者	【名】愛子 【生年月日】昭和５９年６月２１日　【配偶者区分】妻 【父】佐藤祐介 【母】佐藤由紀 【続柄】長女
身分事項 出　　生	【出生日】昭和５９年６月２１日 【出生地】千葉県我孫子市 【届出日】昭和５９年６月２６日 【届出人】父
婚　　姻	【婚姻日】平成２０年６月５日 【配偶者氏名】山田一郎 【従前戸籍】千葉県我孫子市○○五丁目６番地　佐藤祐介
戸籍に記録されている者	【名】一郎 【生年月日】昭和５５年３月１０日　【配偶者区分】夫 【父】山田太郎 【母】山田花子 【続柄】長男
身分事項 出　　生	【出生日】昭和５５年３月１０日 【出生地】広島県広島市 【届出日】昭和５５年３月１６日 【届出人】父
婚　　姻	【婚姻日】平成２０年６月５日 【配偶者氏名】佐藤愛子 【従前戸籍】広島県広島市○○区△△一丁目２番地　山田太郎

筆頭者 → 【名】愛子

配偶者 → 【名】一郎

【妻の姓を名乗っても婿養子ではない】

山田一郎さんのように、結婚して妻の姓を名乗ると、周囲から「婿養子」になったと言われることも珍しくありません。しかし、妻の親と養子縁組をしない限り、法律上の婿養子ではないのです。結婚の要件である「夫婦の氏（民法750条）」を選ぶに当たり、たまたま妻の姓を選んだということにすぎません。

が成立、夫婦の新戸籍（八五頁サンプル18参照）が作られます。ただし、一方がすでに筆頭者で、その姓を夫婦の姓にする場合は新戸籍を作らず、片方がその戸籍に入籍するだけです。

なお、婚姻届を出さない夫婦を内縁（法律婚に対して**事実婚**という）と言いますが、法律婚の夫婦と比べると、戸籍の他にも法定相続権がないなど法律上不利な点が少なくありません。

【サンプル19】婚姻により作られた新戸籍（電子化前）

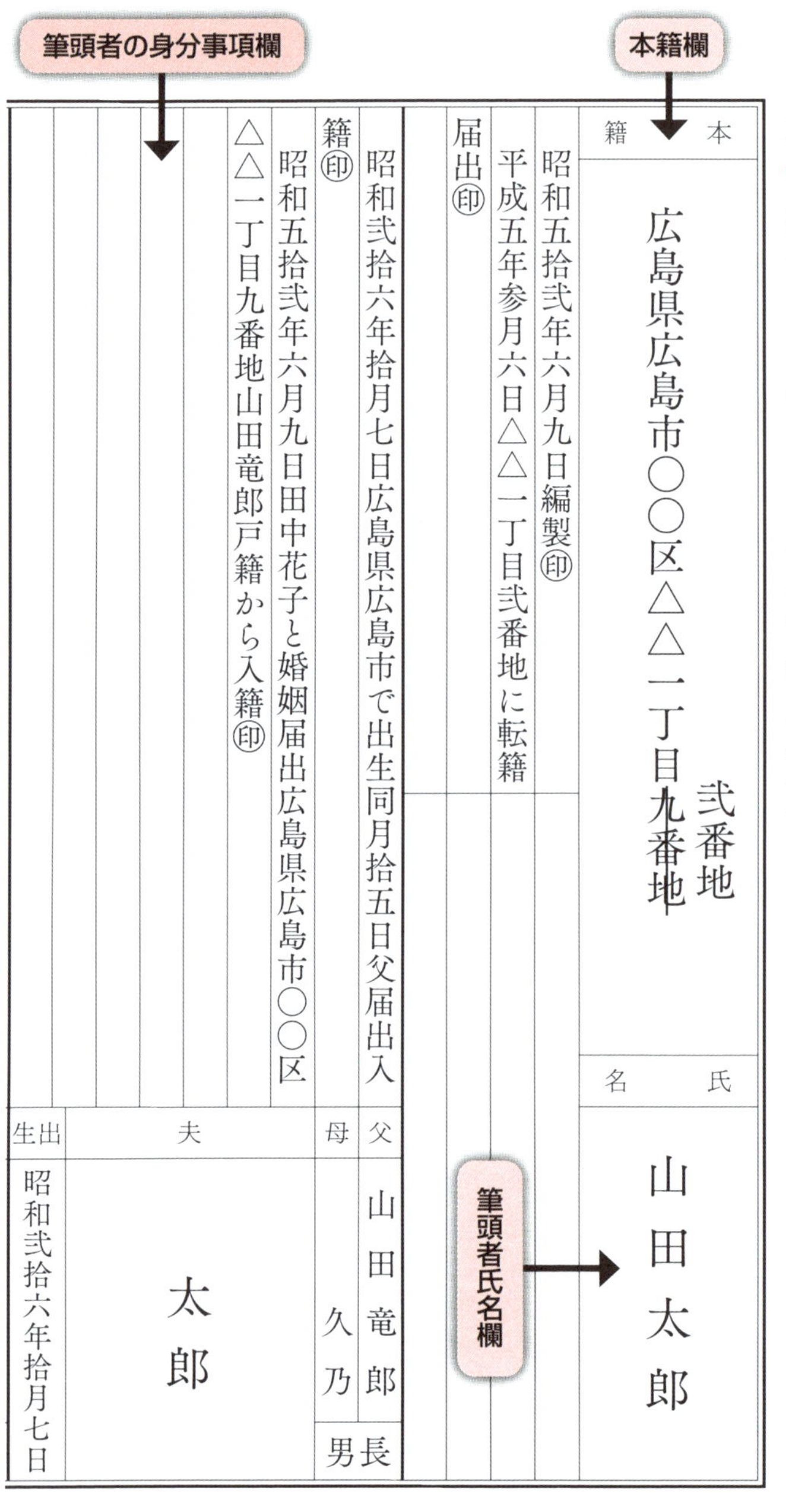

本籍　広島県広島市○○区△△一丁目~~九番地~~弐番地

氏名　山田太郎

昭和五拾弐年六月九日編製㊞

平成五年参月六日△△一丁目弐番地に転籍届出㊞

昭和弐拾六年拾月七日広島県広島市で出生同月拾五日父届出入籍㊞

昭和五拾弐年六月九日田中花子と婚姻届出広島県広島市○○区△△一丁目九番地山田竜郎戸籍から入籍㊞

父	母	夫	出生
山田竜郎	久乃	太郎	昭和弐拾六年拾月七日
長男			

配偶者の身分事項欄

昭和参拾年壱月拾壱日愛知県名古屋市で出生同月弐拾日父届出入籍㊞
昭和五拾弐年六月九日山田太郎と婚姻届出愛知県名古屋市××区○○四丁目参番地田中栄作戸籍から入籍㊞

父	田中栄作	二女
母	ハツ	
妻	花子	
出生	昭和参拾年壱月拾壱日	

★サンプル17〜19の解説

婚姻届（サンプル17）の証人は成人なら誰でもよく、結婚する男女の親でもかまいません。ただ、婚姻届は証人も本籍地を記載しなければなりませんので、証人を頼む人には事前に本籍地を調べておいてもらいましょう（本籍地を知らない人は意外に多い）。記載ミスや漏れがあると、婚姻届が受理されないこともあります。

山田一郎さんと佐藤愛子さんは、夫婦の姓に「佐藤」を選んだので、新戸籍の筆頭者は愛子さんです（サンプル18）。ただし、一郎さんは佐藤姓を名乗っても、佐藤家の婿養子になったわけではありません。なお、電子化前の婚姻による戸籍（サンプル19）も紹介しておきます。

ところで、戸籍法改正で、届書の押印は任意になり、届出の際、戸籍謄本などの添付が原則不要になるなど、戸籍手続きは、これまでより簡便になりました。また、未成年者は親の同意があっても結婚できなくなり、一方で、女性の再婚禁止期間撤廃など、戸籍に関わる民法規定の改正も注意が必要です（一六四頁参照）。

2 知らない間に婚姻届を出されたが

★家庭裁判所の許可を取らないと作られた夫婦の新戸籍は取り消せない

戸籍のキズが嫌なら新しく作りかえることも

知らない間に婚姻届を出されたのであれば、出された被害者本人に結婚の意思はありません。民法も、当事者間に婚姻をする意思がない場合、婚姻は無効と規定しています（七四二条一項）。

しかし、市町村では届出人の本人確認はしても、夫婦となる両人に結婚の意思の確認まではしません。記載漏れや誤記がなく、また禁止婚でなければ、通常は婚姻届を受理し、夫婦の新戸籍を作ってしまうのです。もちろん、結婚の意思がないのですから、その戸籍は訂正され元に戻せます（回復という）。しかし、その訂正には家庭裁判所の許可が必要です（戸籍法一一四条）。家裁に婚姻無効の調停や審判、裁判（婚姻無効の訴という）を起こし、その許可決定の審判や婚姻無効の確定判決を得ないと、戸籍訂正の申請はできません（同法一一五条、一一六条）。なお、戸籍が回復されても、戸籍には訂正の痕が残ります（九〇頁サンプル20）。こんなキズものの戸籍は嫌だという人も多いでしょう。そこで、このような虚偽の届出による戸籍訂正の場合、申請により戸籍を新しく作り替える（再製という）こともできます（次頁図参照、同法一一条の二）。

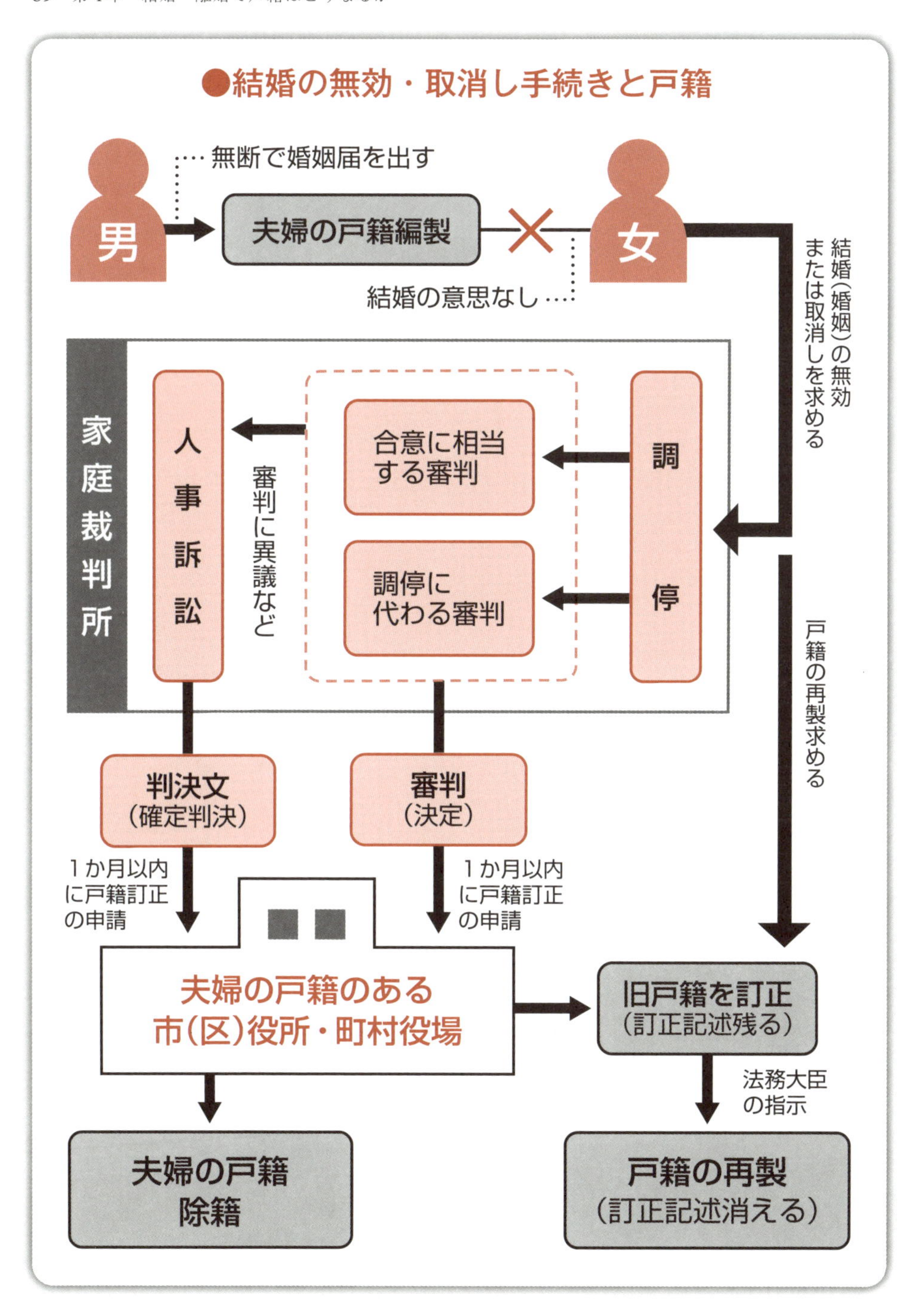

●結婚の無効・取消し手続きと戸籍
無断で婚姻届を出す
男
夫婦の戸籍編製
女
結婚の意思なし
結婚（婚姻）の無効または取消しを求める
家庭裁判所
調停
合意に相当する審判
調停に代わる審判
審判に異議など
人事訴訟
判決文（確定判決）
審判（決定）
1か月以内に戸籍訂正の申請
1か月以内に戸籍訂正の申請
戸籍の再製求める
夫婦の戸籍のある市（区）役所・町村役場
旧戸籍を訂正（訂正記述残る）
法務大臣の指示
夫婦の戸籍除籍
戸籍の再製（訂正記述消える）

【サンプル20】妻が婚姻無効の勝訴判決を得て訂正回復した元の戸籍

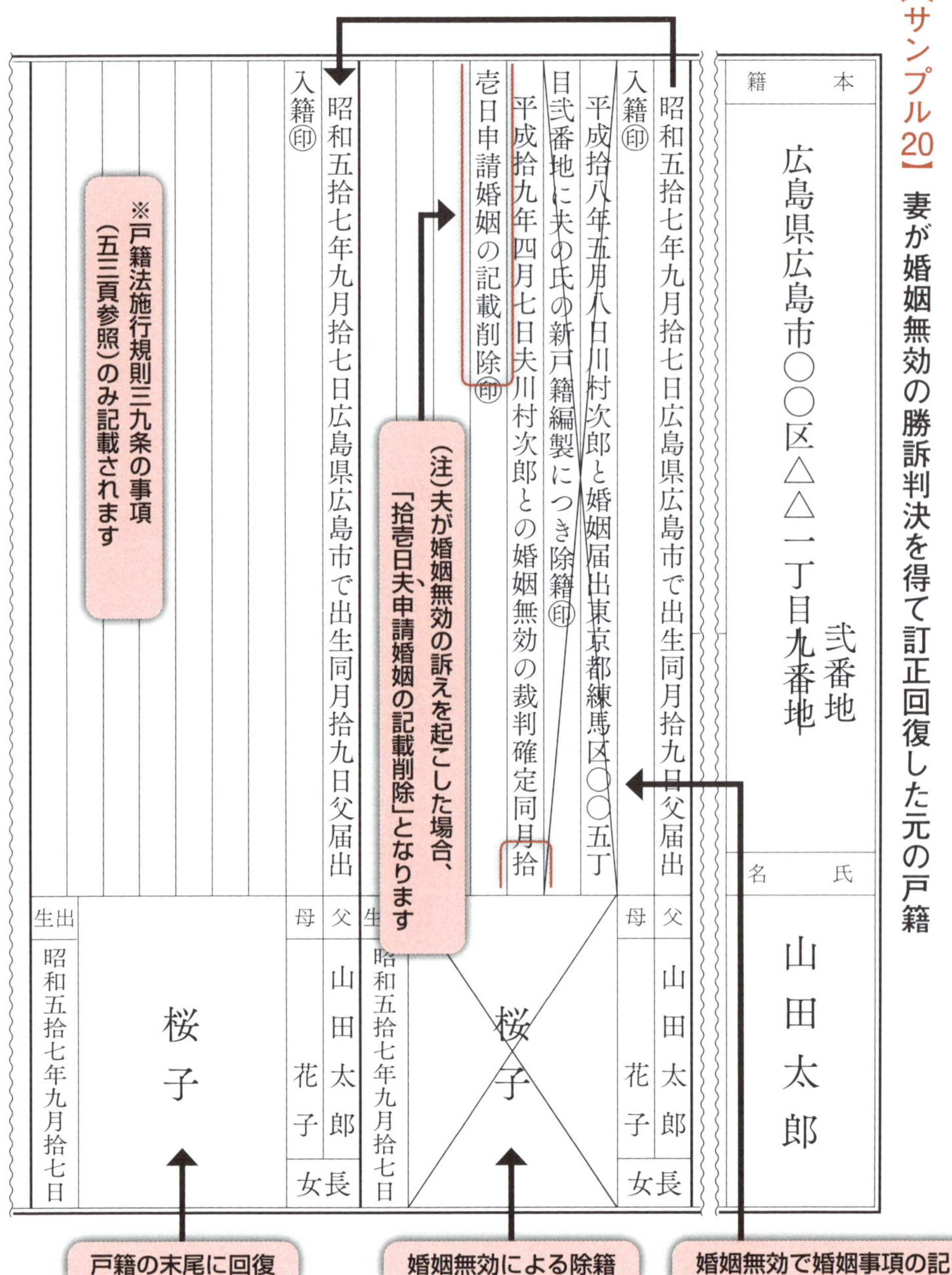

3 離婚により夫婦の戸籍はどうなるのか

★筆頭者でない夫または妻は夫婦の戸籍から除籍される

戸籍の名前が×印で消されるからバツイチ

離婚すると、筆頭者でない配偶者は、夫婦の戸籍から除籍されます。ただし、除籍は法律上の離婚が成立した場合で、夫婦の本籍地または住所地の市町村に、夫と妻、成人の証人二人が署名した**離婚届**（**サンプル21**参照）を提出し、受理されなければなりません。

離婚届への署名は、従来、署名押印することになっていましたが、令和三年九月一日からは押印は任意です。また、本籍地以外に届け出る場合は、夫婦の戸籍謄本（全部事項証明書）の添付が必要でしたが、令和六年三月一日からは謄本は原則不要です（次頁図解、一六四頁参照）。ただし、協議離婚以外は、調停調書や判決文の謄本の添付が必要で、夫婦に未成年の子がいるときは、その子の親権者を決めないと、離婚届は受理されません（共同親権は一六四頁参照）。

市町村で書類審査が済み離婚届が受理されると法律上の離婚が成立し、配偶者は夫婦の戸籍から除籍されます（**サンプル22**、**23**参照）。

ところで、離婚届も市町村は形式チェックだけです。離婚話がこじれ、相手が勝手に離婚届を出しそうなときは、本籍地に**離婚届の不受理届**を出しておくと、離婚届は受理されません。

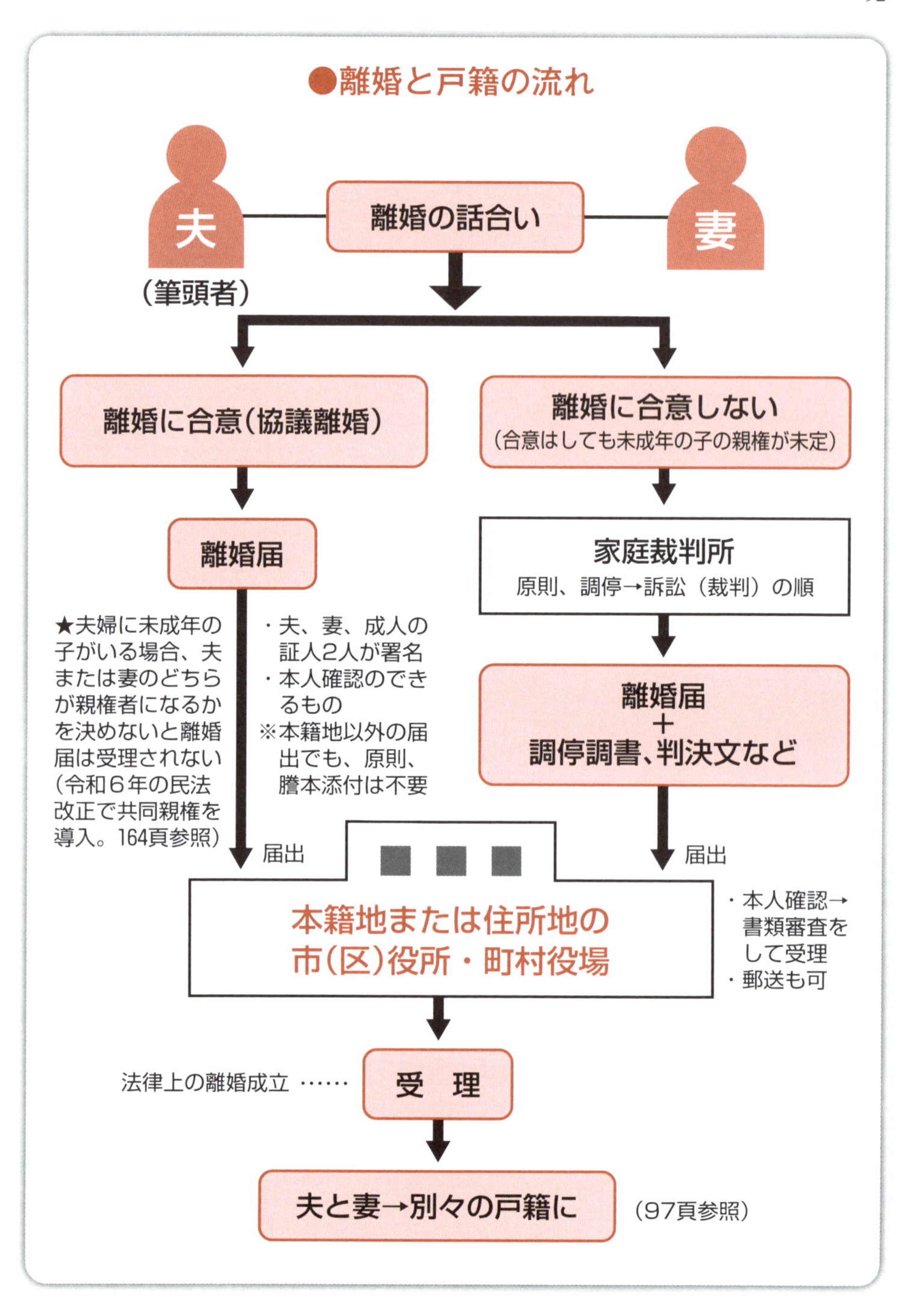
●離婚と戸籍の流れ
夫
(筆頭者)
離婚の話合い
妻
離婚に合意(協議離婚)
離婚に合意しない
(合意はしても未成年の子の親権が未定)
離婚届
家庭裁判所
原則、調停→訴訟(裁判)の順
★夫婦に未成年の子がいる場合、夫または妻のどちらが親権者になるかを決めないと離婚届は受理されない(令和6年の民法改正で共同親権を導入。164頁参照)
・夫、妻、成人の証人2人が署名
・本人確認のできるもの
※本籍地以外の届出でも、原則、謄本添付は不要
離婚届
+
調停調書、判決文など
届出
届出
本籍地または住所地の市(区)役所・町村役場
・本人確認→書類審査をして受理
・郵送も可
法律上の離婚成立 ……
受 理
夫と妻→別々の戸籍に
(97頁参照)

【サンプル21】夫婦の本籍地と住所地が同じ離婚届（抜粋・見開き2頁のうち左頁の部分）

離　婚　届

平成21年5月8日届出

大田区　長　殿

受理　平成　年　月　日 第　号	発送　平成　年　月　日
送付　平成　年　月　日 第　号	長印

書類調査	戸籍記載	記載調査	調査票	附票	住民票	通知

項目	夫		妻	
（よみかた）	たに　むら（氏）	まさ　ひこ（名）	たに　むら（氏）	さくら　こ（名）
氏名	谷村	昌彦	谷村	桜子
生年月日	昭和50年6月1日		昭和57年9月17日	
住所（住民登録をしているところ）	東京都大田区○○ 3丁目5番地 番 6号		東京都大田区○○ 3丁目5番地 番 6号	
（よみかた）				
	世帯主の氏名　谷村昌彦		世帯主の氏名　谷村昌彦	
本籍（外国人のときは国籍だけを書いてください）	東京都大田区○○3丁目　5番地 番			
	筆頭者の氏名　谷村昌彦			
父母の氏名 父母との続き柄（他の養父母はその他の欄に書いてください）	夫の父　谷村勝彦	続き柄	妻の父　山田太郎	続き柄
	母　冬美	二男	母　花子	長女
離婚の種別	☑協議離婚 □調停　年　月　日成立 □審判　年　月　日確定		□和解　年　月　日成立 □請求の認諾　年　月　日認諾 □判決　年　月　日確定	
婚姻前の氏にもどる者の本籍	□夫 ☑妻 は ☑もとの戸籍にもどる □新しい戸籍をつくる 広島県広島市○○区△△1丁目2番地 番		（よみかた）やまだ　たろう 筆頭者の氏名　山田太郎	
未成年の子の氏名	夫が親権を行う子		妻が親権を行う子	
同居の期間	平成19年1月から（同居を始めたとき）		平成21年5月まで（別居したとき）	
別居する前の住所	番地 番 号			
別居する前の世帯のおもな仕事と	□1. 農業だけまたは農業とその他の仕事を持っている世帯 □2. 自由業・商工業・サービス業等を個人で経営している世帯 □3. 企業・個人商店等（官公庁は除く）の常用勤労者世帯で勤め先の従業者数が1人から99人までの世帯（日々または1年未満の契約の雇用者は5） ☑4. 3にあてはまらない常用勤労者世帯及び会社団体の役員の世帯（日々または1年未満の契約の雇用者は5） □5. 1から4にあてはまらないその他の仕事をしている者のいる世帯 □6. 仕事をしている者のいない世帯			
夫妻の職業	（国勢調査の年…平成　年…の4月1日から翌年3月31日までに届出をするときだけ書いてください） 夫の職業		妻の職業	
その他	※未成年の子がいる場合、子と同居しない親と子との面会交流および養育費の取決めの有無を右ページに記入します。			
届出人署名押印	夫　谷村昌彦　印		妻　谷村桜子　印	
事件簿番号				

住所を定めた年月日	
夫	年　月　日
妻	年　月　日

連絡先　電話（　）　自宅・勤務先[　]・携帯

※令和3年9月1日からは離婚する夫と妻、証人の押印は任意です。

【サンプル22】協議離婚した夫婦の戸籍（夫婦の本籍地に届け出た場合）

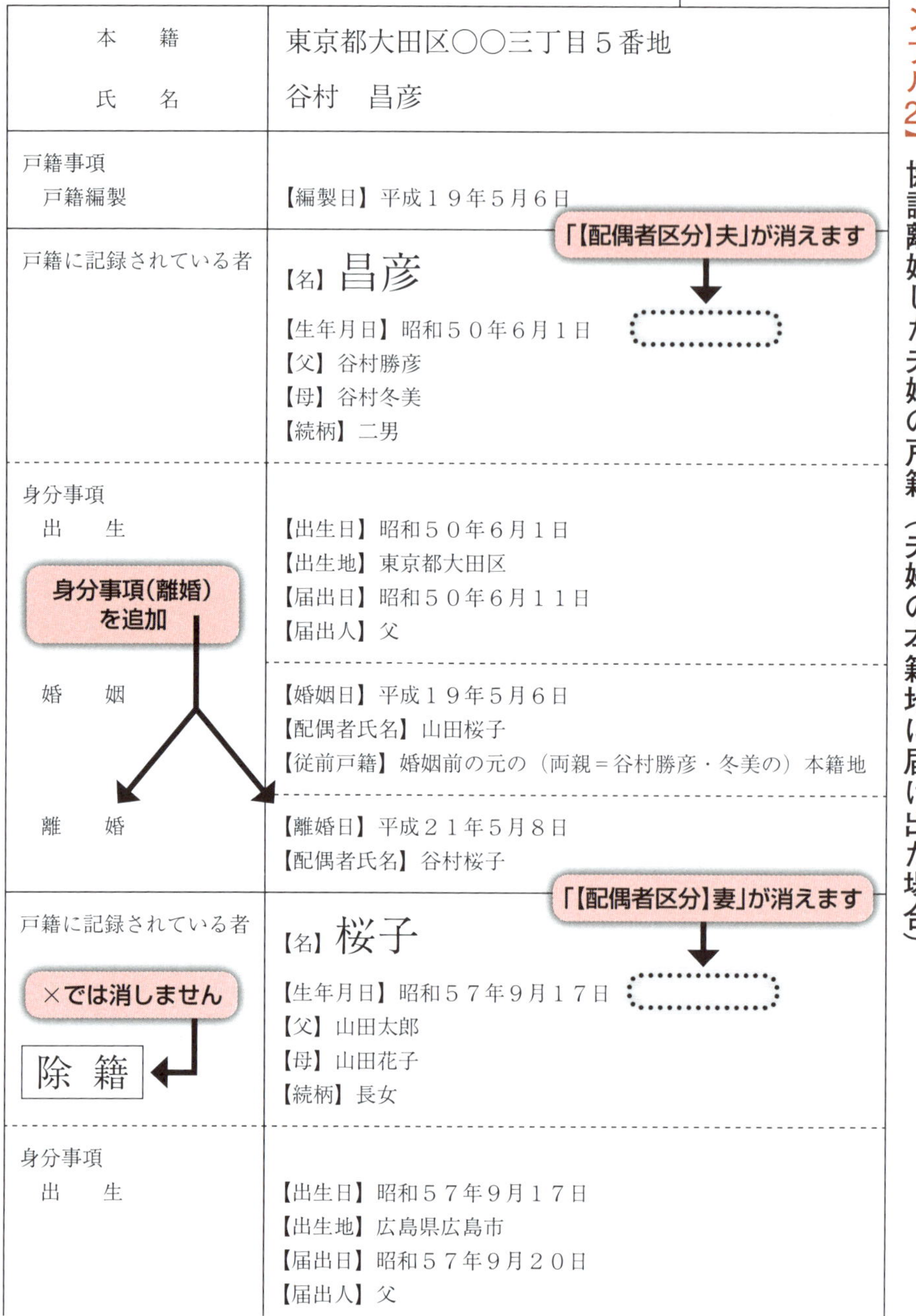
（2の1）　全部事項証明

本　　籍	東京都大田区○○三丁目５番地
氏　　名	谷村　昌彦
戸籍事項 戸籍編製	【編製日】平成１９年５月６日
戸籍に記録されている者	【名】昌彦 【生年月日】昭和５０年６月１日 【父】谷村勝彦 【母】谷村冬美 【続柄】二男
身分事項 出　　生	【出生日】昭和５０年６月１日 【出生地】東京都大田区 【届出日】昭和５０年６月１１日 【届出人】父
婚　　姻	【婚姻日】平成１９年５月６日 【配偶者氏名】山田桜子 【従前戸籍】婚姻前の元の（両親＝谷村勝彦・冬美の）本籍地
離　　婚	【離婚日】平成２１年５月８日 【配偶者氏名】谷村桜子
戸籍に記録されている者 除　籍	【名】桜子 【生年月日】昭和５７年９月１７日 【父】山田太郎 【母】山田花子 【続柄】長女
身分事項 出　　生	【出生日】昭和５７年９月１７日 【出生地】広島県広島市 【届出日】昭和５７年９月２０日 【届出人】父

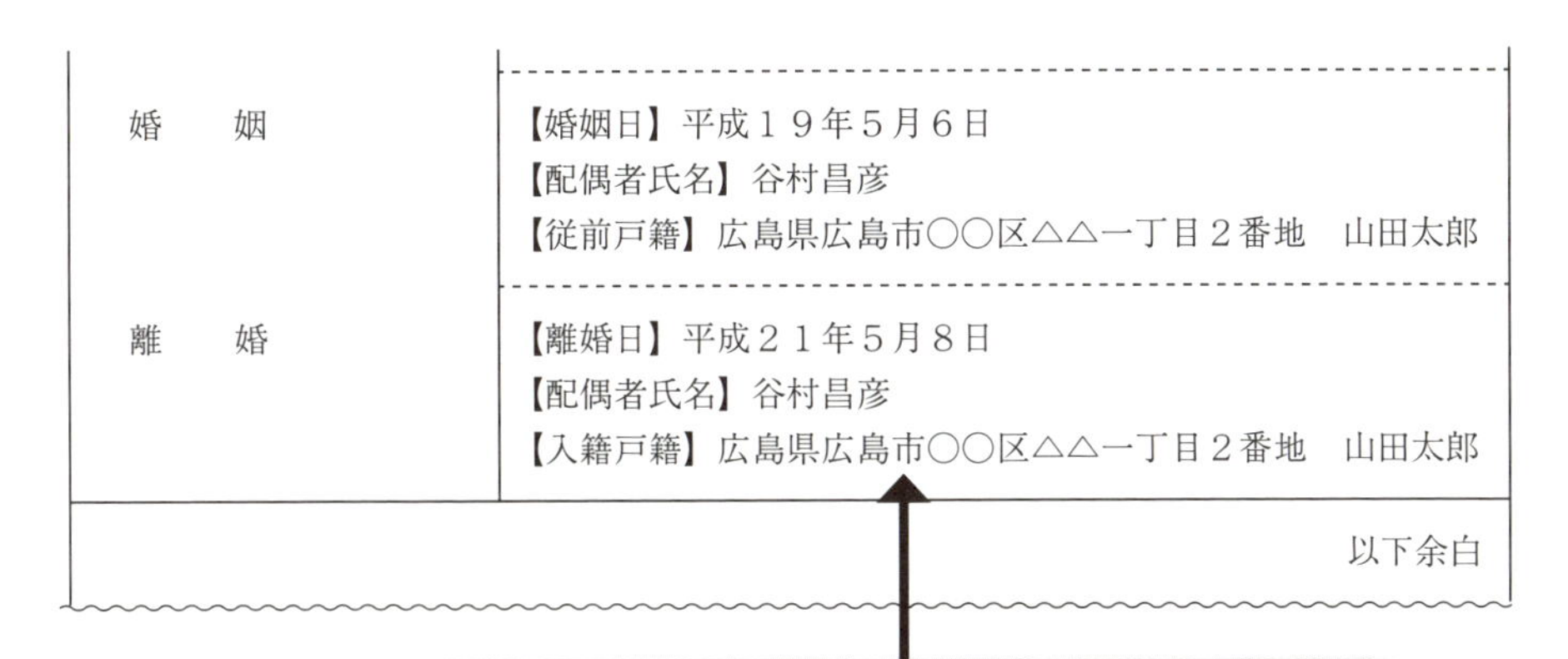

婚　姻	【婚姻日】平成１９年５月６日 【配偶者氏名】谷村昌彦 【従前戸籍】広島県広島市○○区△△一丁目２番地　山田太郎
離　婚	【離婚日】平成２１年５月８日 【配偶者氏名】谷村昌彦 【入籍戸籍】広島県広島市○○区△△一丁目２番地　山田太郎
	以下余白

★サンプル22〜23の解説

離婚届が受理されると、夫婦の戸籍には離婚した事実が書かれ、筆頭者でない配偶者（妻または夫）は除籍されます。電子化前の戸籍では除籍される方の配偶者の名を「×」で消しますが（サンプル23では妻の花子）、電子化後は配偶者の名の左欄に[除籍]と印字します（サンプル22）。なお、身分事項欄には配偶者の離婚後の戸籍についても書かれます（次項参照）。

離婚には、協議離婚、調停離婚、審判離婚、和解離婚、認諾離婚、判決離婚の六種類があり（戸籍法施行規則五七条）、電子化前の戸籍には「協議離婚」「離婚の裁判確定」「離婚の調停成立」などと書かれますが、電子化後は協議離婚の場合は離婚日だけです。それ以外は「離婚の裁判確定日」「離婚の調停成立日」などとなります。なお、本籍地以外に離婚届を出すと、どの市町村が受理したかも書かれます。

【サンプル23】協議離婚した夫婦の戸籍（電子化前）

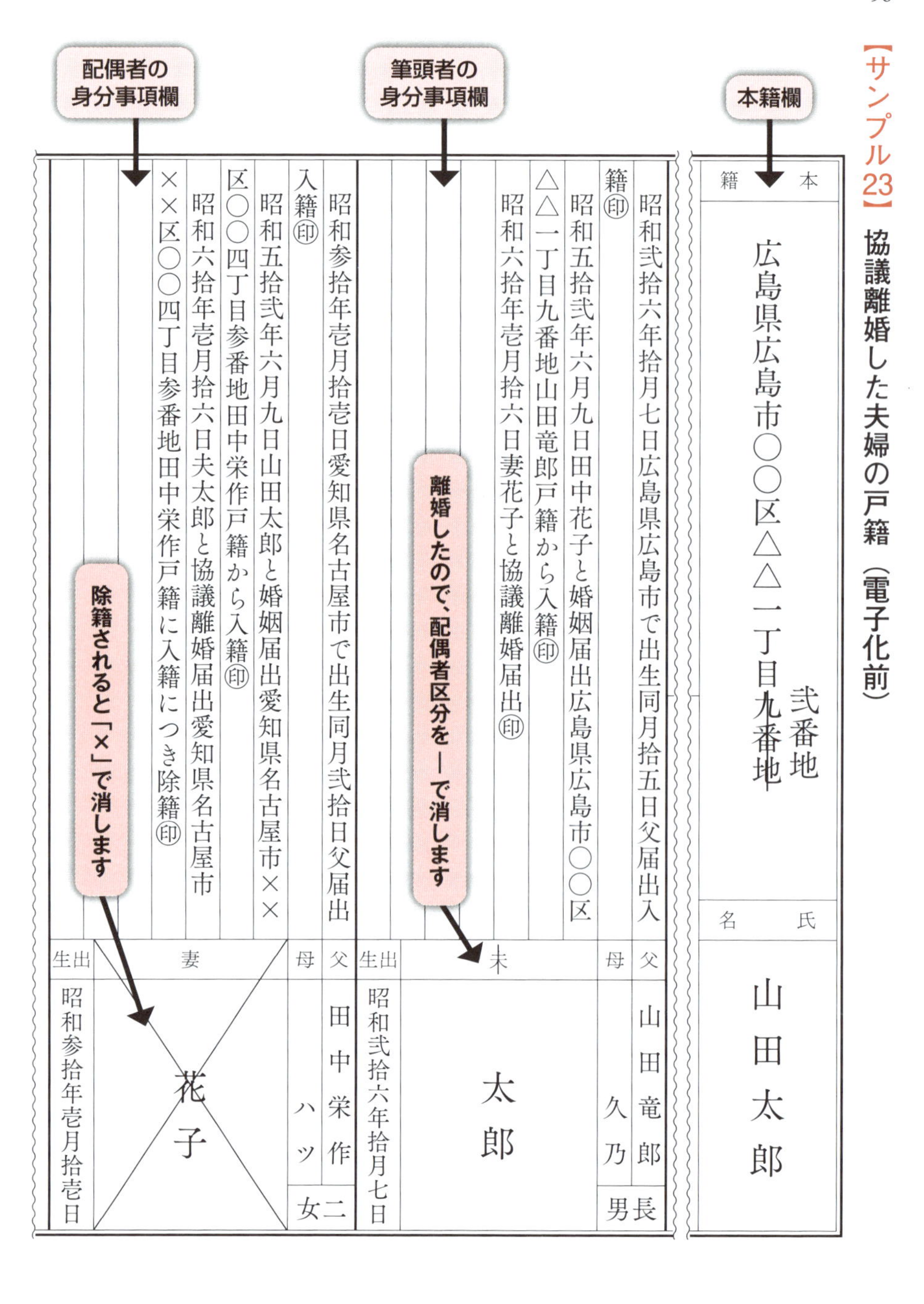

4 夫の戸籍から出た妻の戸籍はどうなる

★前の戸籍に復籍するか単独戸籍を作るか自由に選べる

復氏が原則だが夫婦の姓を使い続けることもできる

離婚すると、筆頭者でない妻（または夫）は夫婦の戸籍から除籍され、結婚前の戸籍に戻る（**復籍**）ことになっています（戸籍法一九条）。これが原則です。もっとも、結婚で除籍された名欄（×で消された欄）や身分欄が復活するというわけではなく、復籍者は前の戸籍の末尾に再度入籍されます（サンプル24参照）。

ただし、前の戸籍がすでに除籍簿に入っていたり、本人が新戸籍を望んだときは、前の戸籍に戻らず、妻を筆頭者とした新戸籍が作られるのです（サンプル25、次頁図参照）。サンプルは電子化後の戸籍ですが、身分事項欄から婚姻に関する事項が消えているのに気づきましたか。夫婦の戸籍から新戸籍に引き継がれるのは、今現在も続いている結婚についてだけなのです（戸籍法施行規則三九条一項四号）。

ところで、結婚で姓（氏という）を変えた妻は、離婚すると旧姓に戻ります（**復氏**という）。しかし、離婚後も夫婦の姓を使いたいときは、離婚から三か月以内に、**離婚の際に称していた氏を称する届**（サンプル26参照）を出せばＯＫです（民法七六七条、戸籍法七七条の二）。離婚した元夫の許可はいりません（サンプル27）。

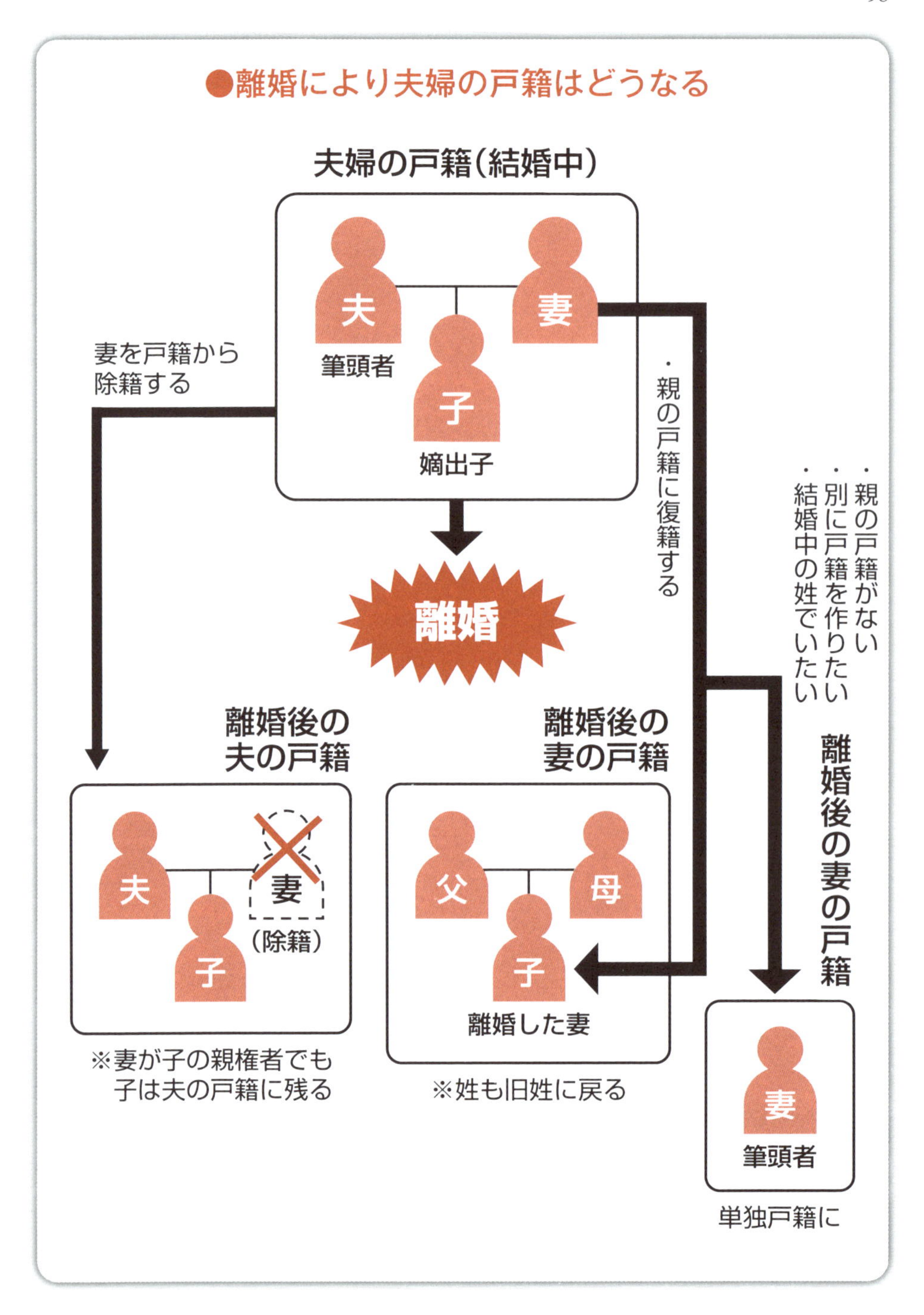
●離婚により夫婦の戸籍はどうなる
夫婦の戸籍（結婚中）
夫
筆頭者
妻
子
嫡出子
妻を戸籍から
除籍する
・親の戸籍に復籍する
・親の戸籍がない
・別に戸籍を作りたい
・結婚中の姓でいたい
離婚
離婚後の
夫の戸籍
夫
子
妻
（除籍）
※妻が子の親権者でも
子は夫の戸籍に残る
離婚後の
妻の戸籍
父
母
子
離婚した妻
※姓も旧姓に戻る
離婚後の妻の戸籍
妻
筆頭者
単独戸籍に

【サンプル24】離婚して前の戸籍に復籍した妻の戸籍（電子化前）

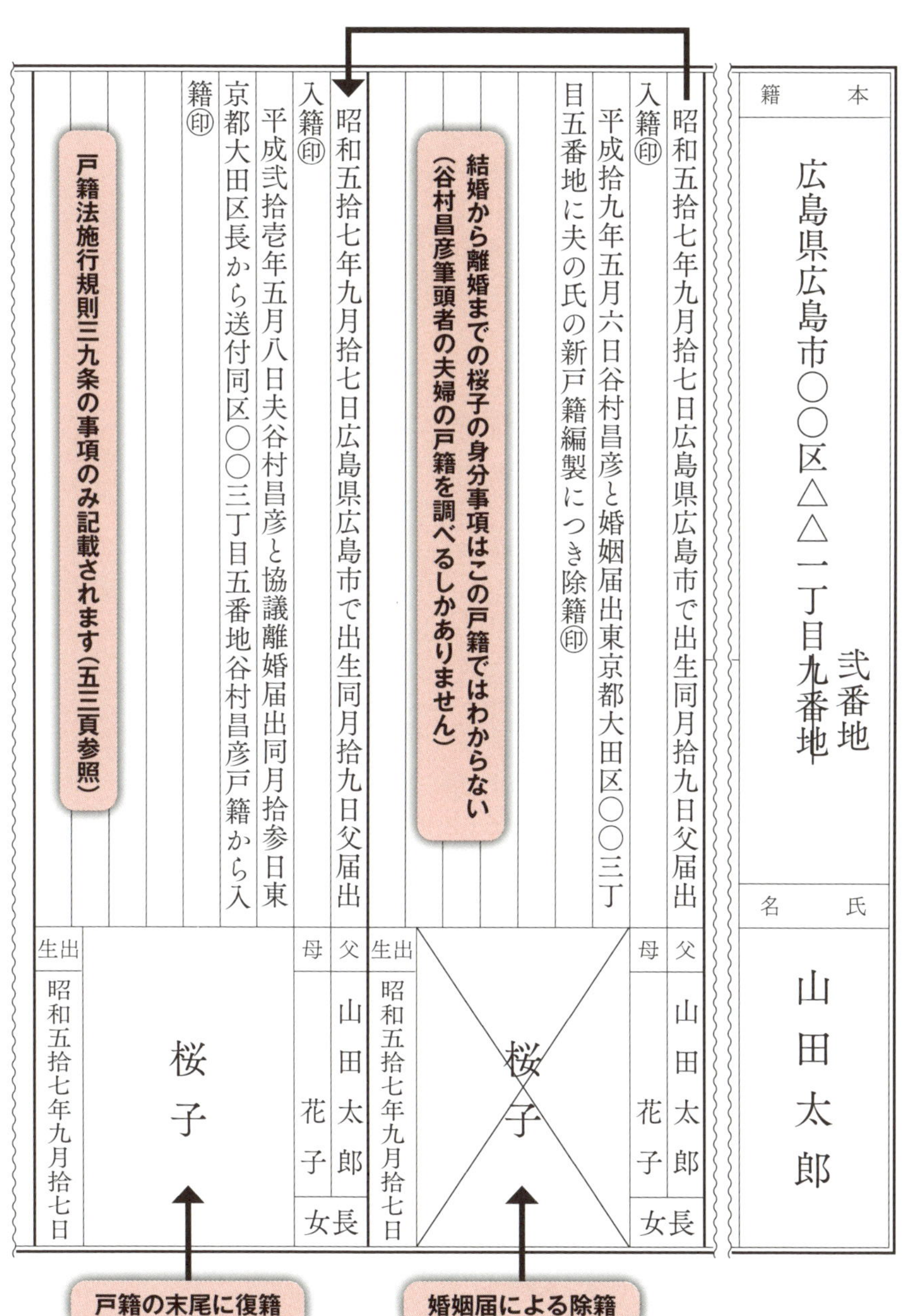

本籍　広島県広島市○○区△△一丁目九番地 弐番地

氏名　山田太郎

昭和五拾七年九月拾七日広島県広島市で出生同月拾九日父届出入籍㊞

平成拾九年五月六日谷村昌彦と婚姻届出東京都大田区○○三丁目五番地に夫の氏の新戸籍編製につき除籍㊞

父　山田太郎　母　花子　長女

桜子

出生　昭和五拾七年九月拾七日

昭和五拾七年九月拾七日広島県広島市で出生同月拾九日父届出入籍㊞

平成弐拾壱年五月八日夫谷村昌彦と協議離婚届出同月拾参日東京都大田区長から送付同区○○三丁目五番地谷村昌彦戸籍から入籍㊞

父　山田太郎　母　花子　長女

桜子

出生　昭和五拾七年九月拾七日

【サンプル25】新戸籍の編製を申し出た妻の戸籍（旧姓に復帰したもの）

	全部事項証明
本　　籍 氏　　名	広島県広島市○○区△△一丁目２番地 山田　桜子
戸籍事項 　戸籍編製	【編製日】平成２１年５月１３日
戸籍に記録されている者	【名】桜子 【生年月日】昭和５７年９月１７日 【父】山田太郎 【母】山田花子 【続柄】長女
身分事項 　出　　生	【出生日】昭和５７年９月１７日 【出生地】広島県広島市 【届出日】昭和５７年９月２０日 【届出人】父
離　　婚	【離婚日】平成２１年５月８日 【配偶者氏名】谷村昌彦 【送付を受けた日】平成２１年５月１３日 【受理者】東京都大田区長 【従前戸籍】東京都大田区○○三丁目５番地　谷村昌彦
	以下余白

★サンプル25の解説

電子化された夫婦の戸籍では、夫および妻の「名欄」に「配偶者区分」（30頁サンプル２参照）があり、「夫」または「妻」と書かれます。しかし、離婚すると、縦書きの戸籍（96頁サンプル23参照）と異なり、配偶者区分はその項目ごと消されます（死別も同じ）。戸籍に配偶者区分がない人は、少なくとも法律上は独身です。

なお、結婚により姓を変えた人は、離婚すると旧姓に戻り、結婚前の戸籍に入るのが原則です。しかし、離婚届には、「離婚後の新本籍」を選ぶ欄がありますので、その欄にある「新戸籍を作る」というところに「レ」を入れておけば、自動的に新戸籍が作られます（復籍後、分籍により新戸籍を作ることもできる）。

【サンプル26】離婚の際に称していた氏を称する届（離婚届と同時に出す場合）

離婚の際に称していた氏を称する届
（戸籍法77条の2の届）

平成21年5月8日届出

大田区 長殿

受理 平成 年 月 日 第 号	発送 平成 年 月 日
送付 平成 年 月 日 第 号	長印

書類調査	戸籍記載	記載調査	附票	住民票	通知

(1)	（よみかた）離婚の際に称していた氏を称する人の氏名	（現在の氏名、離婚届とともに届け出るときは離婚前の氏名）たにむら さくらこ 氏 谷村 名 桜子 昭和57年 9月 17日生
(2)	住所（住民登録をしているところ）	東京都大田区○○3丁目 5番（番地・番）6号 （よみかた）たにむら まさひこ 世帯主の氏名 谷村昌彦
(3)	本籍	（離婚届とともに届け出るときは、離婚前の本籍）東京都大田区○○3丁目 5番地（番地・番） 筆頭者の氏名 谷村昌彦
(4)	（よみかた）氏	変更前（現在称している氏） 谷村 変更後（離婚の際称していた氏） 谷村
(5)	離婚年月日	平成21年5月8日
(6)	離婚の際に称していた氏を称した後の本籍	（(3)欄の筆頭者が届出人と同一で同籍者がない場合には記載する必要はありません） 広島県広島市○○区△△1丁目 2番地（番地・番） 筆頭者の氏名 谷村桜子
(7)	その他	
(8)	届出人署名押印（変更前の氏名）	谷村桜子 印

連絡先 電話 090(0000)XXXX 自宅・勤務先〔 〕携帯（携帯に○）

山田に復氏後、改姓した姓

届出人の押印は、令和3年9月1日以降の届出では任意です

【サンプル27】妻が離婚後も夫婦の姓を名乗る戸籍（離婚届と同時の場合）

全部事項証明

本　籍	広島県広島市〇〇区△△一丁目２番地
氏　名	谷村　桜子
戸籍事項 氏の変更 戸籍編製	 【氏変更日】平成２１年５月８日 ← 届出日 【氏変更の事由】戸籍法７７の２届出 【編製日】平成２１年５月１３日
戸籍に記録されている者 筆頭者	【名】桜子 【生年月日】昭和５７年９月１７日 【父】山田太郎 【母】山田花子 【続柄】長女
身分事項 出　生	 【出生日】昭和５７年９月１７日 【出生地】広島県広島市 【届出日】昭和５７年９月２０日 【届出人】父
離　婚	【離婚日】平成２１年５月８日 【配偶者氏名】谷村昌彦
氏の変更	【氏変更日】平成２１年５月８日 【氏変更の事由】戸籍法７７条の２届出 【送付を受けた日】平成２１年５月１３日 【受理者】東京都大田区長

★サンプル27の解説

結婚により姓を変えた人は、離婚すると原則旧姓に戻ります（民法767条１項）。しかし、仕事などで長年、結婚中の姓を使っているような場合、旧姓に戻るよりそのまま離婚相手の姓を使い続けたいと考える人も少なくありません。そこで、離婚成立から３か月以内であれば、「離婚の際に称していた氏を称する届」を出すことにより、結婚中の姓を使うことが認められています（同条２項）。

この届出は離婚届と同時でもよく、一度旧姓に戻ってからでもかまいません。結婚中の姓を使う場合は新戸籍が作られます。

なお、離婚した夫婦に未成年の子がいる場合、その親権者がどちらに決まっても、子どもの籍は夫婦の戸籍に入ったままです。旧姓に戻った親が親権者で、子の姓も自分と同じ姓にしたいという場合、家庭裁判所に「子どもの氏の変更許可」を申し立て、その許可を得なければなりません。また、その子を自分の戸籍に入籍する場合には、さらに「入籍届」を出す必要があります。

5
バツイチが消えるって本当？

★前の戸籍から引き継ぐ身分事項は戸籍法施行規則で決まっている

バツイチの記載は新戸籍に移記されない

戸籍からバツイチの履歴を消す方法がある。よく耳にする話です。本当かどうか、具体例で見てみましょう。

山田太郎さんの長女桜子さんは離婚し、太郎さんの戸籍に復籍しました（九九頁サンプル24参照）。身分事項欄を見れば、協議離婚したことがわかります。しかし、桜子さんは復籍した後で分籍届を出し、彼女を筆頭者とする新戸籍を作ったのです（サンプル28参照）。身分事項欄を見てください。バツイチどころか、結婚した事実も戸籍から消えてしまいました。

これは、新戸籍へ書き移さなければならない（引き継ぐという）身分事項に、「出生」はありますが、「離婚」は入っていないからです（戸籍法施行規則三九条）。この他、転籍や入籍、氏の変更、あるいは改製の場合も同様で、新戸籍を作るとバツイチは戸籍から消えてしまうのです。

そのため、戸籍謄本（全部事項証明書）を見ただけでは、その人に離婚歴（＝結婚歴）があるかどうかはわからないのです。離婚歴の有無を調べるには、その人の出生（少なくとも結婚適齢に達した年齢の戸籍）から現在までの戸籍をすべて見るしかありません。

【サンプル28】離婚後復籍した戸籍から分籍した戸籍

全部事項証明	
本　　籍	広島県広島市○○区△△一丁目２番地
氏　　名	山田　桜子
戸籍事項 戸籍編製	【編製日】平成29年2月15日
戸籍に記録されている者	【名】桜子 【生年月日】昭和５７年9月１７日 【父】山田太郎 【母】山田花子 【続柄】長女
身分事項 出　　生	【出生日】昭和５７年9月１７日 【出生地】広島県広島市 【届出日】昭和５７年9月１9日 【届出人】父
分　　籍	【分籍日】平成２9年2月１５日 【従前戸籍】広島県広島市○○区△△一丁目２番地　山田太郎
	以下余白

前の戸籍から引き継ぐ身分事項は戸籍法施行規則39条（53頁参照）の事項のみ

ところで、戸籍筆頭者は離婚後も夫婦の戸籍（九六頁サンプル23参照）を使います。元夫が再婚し、そのまま山田姓を名乗る場合、新妻は元夫の籍に入籍され、×で消された元妻花子の左に「妻」と記載されるのです。はっきり再婚とわかります。しかし、元夫が転籍すると、元妻の欄は新戸籍に移りません。そのため、元夫の籍に入籍しても、初婚のように見えるのです。

★サンプル28の解説

桜子さんは復籍した戸籍が改製＝電子化された後に分籍届を出したので、新戸籍は当然横書きです（三九～四〇頁サンプル5-①②参照）。なお、電子化前に分籍したのなら、新戸籍はまず紙に縦書きで作られ（四九頁サンプル7参照）、その後に電子化の流れとなります。

6 国際結婚・国際離婚により夫婦の戸籍はどうなるか

★日本人についてのみ戸籍が作られる

国により、結婚・離婚に適用する法律が異なる

結婚や離婚の法律は国により違います。国際結婚や国際離婚の際、どの国の法律を適用するか、外国人との結婚や離婚について定めた法律が国際私法です。日本では、**法の適用に関する通則法**がその役割を果たします（一〇八頁参照）。

日本人が外国人と結婚した場合、その結婚に日本法が適用されるかどうかは別として、日本人については婚姻の事実を戸籍に記載する必要があり、本籍地に婚姻届を届け出なければなりません。離婚の場合も同様です（次頁図参照）。

戸籍筆頭者でない日本人が外国人と結婚した場合、その日本人を筆頭者とした戸籍が新しく作られます（サンプル29参照）。日本人同士の結婚と違うのは、**外国人については戸籍がない**ということです。日本人の戸籍に配偶者として名が書かれ、身分事項が記載されることはありません。ただし、筆頭者の欄には配偶者区分が記載され、身分事項欄に配偶者の氏名と国籍、その生年月日が書かれます。生まれた子どもは日本人です。その戸籍に入ります。

なお、外国人と離婚した場合、戸籍の移動はありません。通常、身分事項の「婚姻」の記載が、「離婚」の記載に変わるだけです。

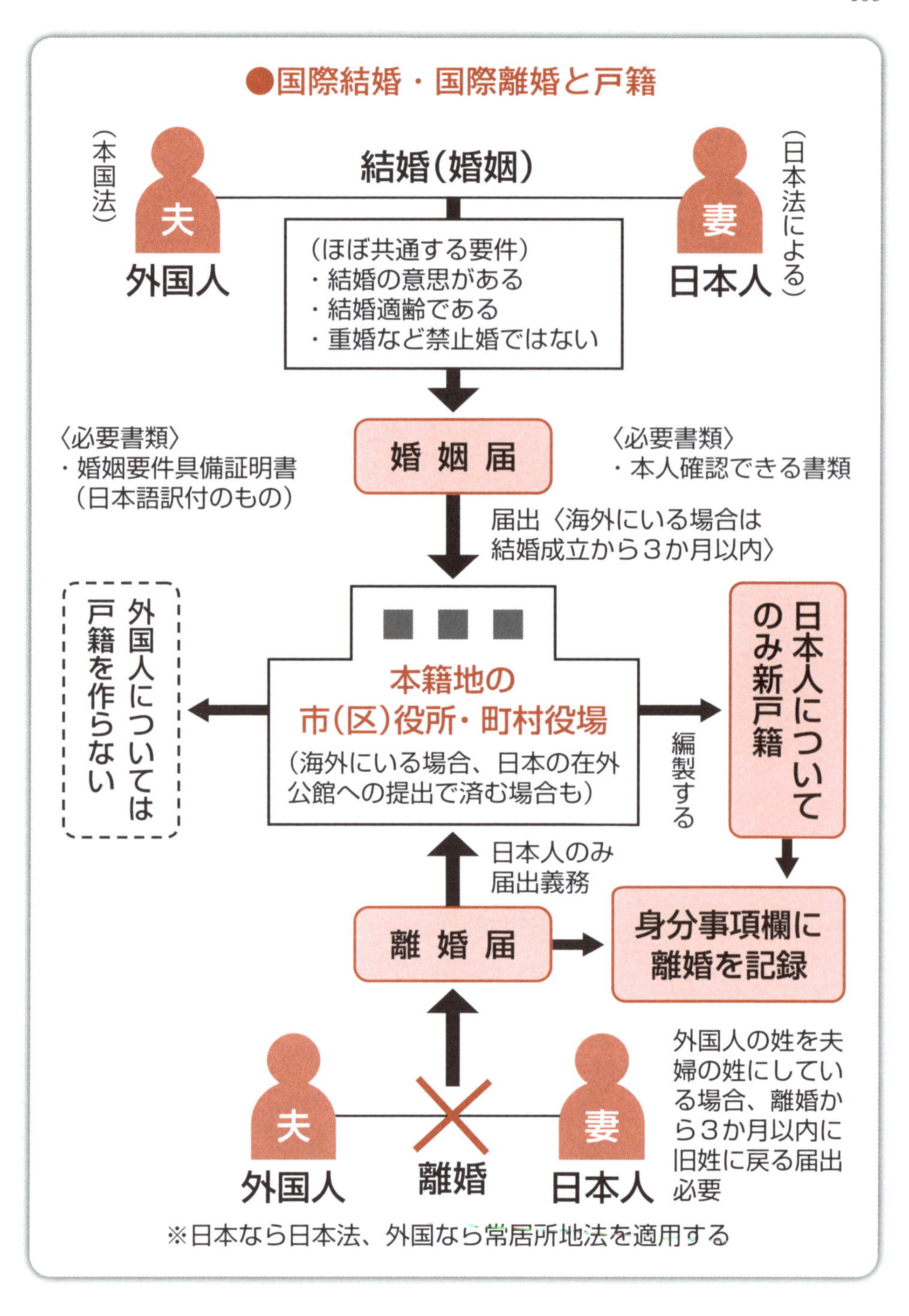
●国際結婚・国際離婚と戸籍
（本国法）
夫
外国人
結婚（婚姻）
妻
日本人
（日本法による）
（ほぼ共通する要件）
・結婚の意思がある
・結婚適齢である
・重婚など禁止婚ではない
〈必要書類〉
・婚姻要件具備証明書
（日本語訳付のもの）
婚姻届
〈必要書類〉
・本人確認できる書類
届出〈海外にいる場合は
結婚成立から３か月以内〉
外国人については戸籍を作らない
本籍地の
市（区）役所・町村役場
（海外にいる場合、日本の在外
公館への提出で済む場合も）
編製する
日本人についてのみ新戸籍
日本人のみ
届出義務
離婚届
身分事項欄に
離婚を記録
夫
外国人
離婚
妻
日本人
外国人の姓を夫
婦の姓にしてい
る場合、離婚か
ら３か月以内に
旧姓に戻る届出
必要
※日本なら日本法、外国なら常居所地法を適用する

【サンプル29】外国人と結婚した日本人の戸籍

全部事項証明

本　　籍 氏　　名	広島県広島市○○区△△一丁目２番地 山田　桜子
戸籍事項 　戸籍編製	【編製日】平成２１年１１月３０日
戸籍に記録されている者	【名】桜子 【生年月日】昭和５７年９月１７日　【配偶者区分】妻 【父】山田太郎 【母】山田花子 【続柄】長女
身分事項 　出　　生	〈省略〉
婚　　姻	【婚姻日】平成２１年１１月２５日 【配偶者氏名】オバマ，アダムス 【配偶者の国籍】カナダ 【配偶者の生年月日】西暦１９７５年２月１５日 【送付を受けた日】平成２１年１１月３０日 【受理者】東京都武蔵野市長 【従前戸籍】広島県広島市○○区△△一丁目２番地　山田太郎
	以下余白

※夫の姓（氏）を名乗りたい場合は家庭裁判所の許可と氏変更の届出が必要。

置き替えます

●離婚した場合の身分事項

離　　婚	【離婚日】平成２×年１０月８日 【配偶者氏名】オバマ，アダムス 【送付を受けた日】平成２×年１０月１５日 【受理者】東京都武蔵野市長

【参考資料】国際結婚・国際離婚の法律と戸籍 日本国内での結婚・離婚

●国際結婚の法律（法の適用に関する通則法24条）

外国人と結婚する場合、夫と妻は、それぞれの**本国法が定めた結婚要件**を満たしている必要があります（同条１項）。

たとえば、妻となる人が日本人なら本国法は民法です。満18歳以上などの要件をクリアーしている必要があります（法改正で、令和４年４月１日から未成年者の結婚は認められない）。一般的に、①結婚の意思があること、②結婚適齢に達していること、③重婚や近親婚など法律上の禁止婚に当たらないことは、ほぼ共通の規定です。

また、結婚の方式も、結婚した国（**婚姻挙行地**という）の法律に従ったものでなければ、法律上の国際結婚は成立しません。たとえば、日本で結婚する場合は日本法、つまり婚姻届の届出が必要です(同条２項)。この場合、外国人の本国法で有効な手続きでも、日本人は戸籍上の届出をしなければ結婚は認められません（同条３項）。

●国際離婚の法律（同法27条）

国際離婚は、夫婦の本国法が同一のときは本国法、それがなければ夫婦が暮らしている国（**常居所地**という）の法律、それもなければ夫婦に最も密接な関係のある地の法律によりますが、夫婦の片方が日本人で、常居所地が日本の場合には、日本法を適用します（同法27条）。日本法の離婚手続きでは、協議離婚なら離婚届を市町村に届け出て受理されれば、離婚は成立です。

●氏の変更について（戸籍法107条）

外国人と結婚した日本人が、その姓(氏)を配偶者である外国人の姓に変更する場合には、婚姻の日から６か月以内に「**外国人との婚姻による氏の変更届**」を本籍地または住所地の市町村に届け出ればできます。家庭裁判所の許可は不要です（同条２項）。

たとえばサンプル29は、本籍地の氏名が「アダムス桜子」と変更、戸籍事項欄と身分事項欄に「氏の変更」の記載が追加されます（具体的には、氏変更日、氏変更の事由＝戸籍法107条２項の届出、旧姓）。

また、日本人が外国人と離婚し、旧姓に戻る場合には、「**外国人との離婚による氏の変更届**」を離婚の日から３か月以内に届け出れば、家庭裁判所の許可なく戸籍の変更ができます（同条３項）。

●婚姻届・離婚届の必要書類

国際結婚、国際離婚を市町村に届け出るには、次のようなものが必要です。

【婚姻届】 日本人は本人確認できるもの。外国人は婚姻要件具備証明書、パスポートなど国籍証明書（ともに日本語訳文必要）。

【離婚届】 日本人は本人確認できるもの。外国人はとくにないが、届出人の場合にはパスポートなど本人の証明書類が必要。

なお、本籍地以外の市町村に結婚や離婚の届出をする場合、従来は戸籍謄本の添付が必要でしたが、令和６年３月１日からは、原則謄本の添付は不要になりました。

※国際結婚、国際離婚の手続きは、それぞれの国籍や届出地により適用される法律が違うため、届出書類なども異なることがあります。二度手間を避けるためにも、届出するのが日本国内なら最寄りの市町村、国外なら大使館や領事館に、事前に確認するといいでしょう。

戸籍の急所

夫婦別姓問題についての最高裁の動向

――最高裁の合憲判断にも悩ましさがにじむ

〔この項・國部〕

「夫婦」「親子」というと、多くの人はなんとなく「●●」という表札の出ている家の中で暮らす「お父さん、お母さん、男の子、女の子」というようなイメージを抱くのではないでしょうか。このような家庭は今でもたくさんありますが、これとはひと味異なる家庭もたくさんあります。たとえば、お父さんとお母さんが別の名字だったり、精子や卵子を第三者が提供していたり、はたまた、「お父さん」も「お母さん」も女性だったり等々……、いろいろな家庭があるものです。

「戸籍」というものは、一つの「姓」で結びついた男女とその血を引いた子どもたちで構成されることを念頭に置いています。姓が違おうが、性別が同じであろうが、血がつながっていなかろうが、個人的な信頼で結びついて一緒に暮らすことは個人の自由ですが、戸籍の世界ではお互いに無関係の出来事ということになります。

しかし、戸籍のつながりがないと、相続権がなかったり、病院で病状の説明を聞かせてもらえなかったりなど、日本では大きな不便がつきまといます。今までは、個人の自由で生き方を選択したのだから不利益も自己責任で甘受すればいい、という考え方で押し切ってきましたが、本当にそれでいいのか、という声が徐々に大きくなってきました。

このような中で、「夫婦は、婚姻の際に定めるところに従い、夫又は妻の氏を称する」という民法七五〇条の規定が、夫婦同姓を強制するもので憲法に違反する、と主張する訴訟が提起され、最高裁判所の判断が注目されました。

平成二七年一二月一六日に言い渡された大法廷の判決は、「現行の制度は憲法に違反しない」というものでした。その根拠として、夫婦同氏制が社会に定着していること、家族の呼称を一つに定めることに合理性があること、家族の一員であると実感できること、子が両親と同じ氏になること、どちらの氏を称するかは自由に決められること、改姓の不利益は通称使用で緩和できること、などが挙げられています。

ただし、この判決には一五人の裁判官のうち五人の反対意見が出されています。また、多数意見の中にも、いろいろな悩みがあることが示されています。決して「夫婦同姓が望ましい」という判決ではなく、女性が不便を強いられている現状を国会できちんと議論して考えるべき事柄だ、というニュアンスが強い判決でした。

ところが、国会はこれを単なる「合憲判決」と考えたのか、その後この問題について正面から議論をすることなく、時間を過ごしてきました。そこで、法改正を待っていた人たちは再び訴訟を起こし、再び大法廷で判決が言い渡されることになりました。

令和三年六月二三日に言い渡された大法廷の判決は、前回と同じく現行制度は憲法に違反しないというものでした。前回の大法廷判決以降、女性の就業率の上昇や管理職に占める割合の増加などの社会の変化、また、選択的夫婦別姓制度の導入に賛成する人の割合が増えるなどの意識の変化があったことは認められるが、それでもなお前回の判決を変更すべきものとは認められない、というものです。ただし、補足意見や反対意見の中で、国会の動きの鈍さを批判する見解が述べられています。

国会の腰が重いのは、この問題が現在の戸籍制度を真正面から破壊しようとするチャレンジのように見えているからでしょうか。裁判では「〇か×か」しか答えが出せないのですから、国会できちんと議論をして誰もが不幸な思いをしないですむように答えを出すべきではないかと思います。

第5章

親子の関係と戸籍のしくみ

この章の内容は……

1・子どもが生まれると戸籍はどうなるか
2・離婚する夫婦に未成年の子がいると戸籍は？
3・愛人の子を認知したいが戸籍はどうなるか
4・養子をもらうと戸籍はどうなるか
5・特別養子をもらうと戸籍はどうなるか

1 子どもが生まれると戸籍はどうなるか

★夫婦の嫡出子なら夫婦の戸籍に入る

事実婚の夫婦の子は母親の戸籍に入る

戸籍は、結婚、分籍、改製などにより新しく作り替えられます（編製という）。その際、個人の身分事項も新戸籍に引き継がれますが、戸籍法施行規則三九条で定められたもの以外は移記されません（五三頁本文参照）。たとえば、バツイチの人が分籍すると、新戸籍に離婚のことは載らないのです（一〇四頁参照）。ただし、出生に関する事項だけは必ず移記されます。

夫婦の間に子が生まれると、その子は法律上、嫡出子としての身分を取得、夫婦の戸籍に入ります（法律婚以外の男女間の子は母親の戸籍に入る）。父または母は、子が生まれてから一四日以内（海外で生まれたときは三か月以内）に、出生地や本籍地の市町村に**出生届**を出さないとなりません（戸籍法四九条他、次頁図解参照）。

出生届が受理されると、夫婦の戸籍の末尾に**子の欄**が設けられ、子の名や生年月日、両親名や続柄の他、身分事項欄には出生日、出生地、届出日、届出人などが書かれます（**サンプル31**参照）。電子化前の戸籍の場合、**31**の例では、子の身分事項欄に「平成弐拾壱年四月七日東京都港区で出生同月拾四日父届出同月拾六日同区長より送付入籍」と書かれます。

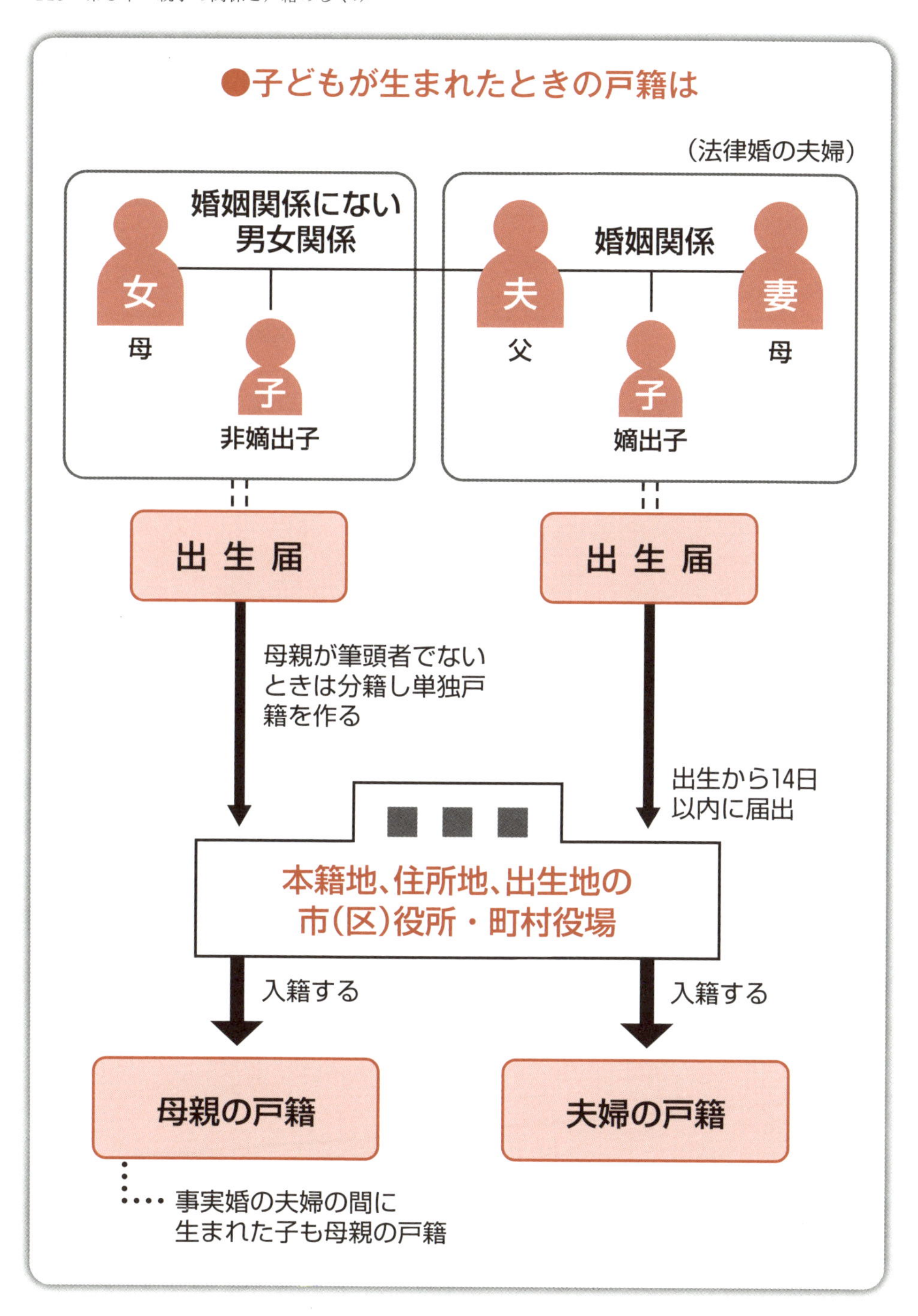
●子どもが生まれたときの戸籍は
（法律婚の夫婦）
婚姻関係にない
男女関係
女
母
子
非嫡出子
婚姻関係
夫
父
妻
母
子
嫡出子
出生届
出生届
母親が筆頭者でない
ときは分籍し単独戸
籍を作る
出生から14日
以内に届出
本籍地、住所地、出生地の
市（区）役所・町村役場
入籍する
入籍する
母親の戸籍
夫婦の戸籍
事実婚の夫婦の間に
生まれた子も母親の戸籍

【サンプル30】出生届（夫婦が出生地で届け出る場合）

出 生 届

平成 21 年 4 月 14 日届出

東京都港区 長 殿

受理 平成 年 月 日 第 号	発送 平成 年 月 日
送付 平成 年 月 日 第 号	長印

書類調査	戸籍記載	記載調査	調査票	附票	住民票	通知

生まれた子	子の氏名（よみかた）	氏 佐藤（さとう） 名 祐（ゆう）	父母との続き柄 ☑嫡出子 □嫡出でない子（長 ☑男 □女）
	生まれたとき	平成 21年 4月 7日 □午前 ☑午後 8時 10分	
	生まれたところ	東京都港区△△2丁目 4 番地 (番) 3 号	
	住所（住民登録をするところ）	東京都港区△△2丁目 12 番地 (番) 5 号 −818	
		世帯主の氏名 佐藤愛子	世帯主との続き柄 子
生まれた子の父と母	父母の氏名 生年月日（子が生まれたときの年齢）	父 佐藤一郎 昭和55年 3月 10日（満 29 歳）	母 佐藤愛子 昭和59年 6月 21日（満 24 歳）
	本籍（外国人のときは国籍だけを書いてください）	千葉県我孫子市○○五丁目 6 (番地) 番	
		筆頭者の氏名 佐藤愛子	
	同居を始めたとき	平成 20 年 4 月（結婚式をあげたとき、または、同居を始めたときのうち早いほうを書いてください）	
	子が生まれたときの世帯のおもな仕事と	□1. 農業だけまたは農業とその他の仕事を持っている世帯 □2. 自由業・商工業・サービス業等を個人で経営している世帯 □3. 企業・個人商店等（官公庁は除く）の常用勤労者世帯で勤め先の従業者数が1人から99人までの世帯（日々または1年未満の契約の雇用者は5） ☑4. 3にあてはまらない常用勤労者世帯及び会社団体の役員の世帯（日々または1年未満の契約の雇用者は5） □5. 1から4にあてはまらないその他の仕事をしている者のいる世帯 □6. 仕事をしている者のいない世帯	
	父母の職業	（国勢調査の年… 年…の4月1日から翌年3月31日までに子が生まれたときだけ書いてください） 父の職業	母の職業
その他	（※子の父または母がまだ筆頭者になっていないとき、希望の本籍地を書きます（新戸籍が作られます）。）		
届出人	☑1. 父 □母 □2. 法定代理人（ ） □3. 同居者 □4. 医師 □5. 助産婦 □6. その他の立会者 □7. 公設所の長		
	住所	東京都港区○○7丁目 12 番地 (番) 5−818 号	
	本籍	千葉県我孫子市○○五丁目 6 (番地) 番	筆頭者の氏名 佐藤愛子
	署名	佐藤一郎 (印)	昭和55年 3月 10日生

事件簿番号	

令和3年9月1日から届出人の押印は任意になりました

【サンプル31】生まれた子の戸籍（嫡出子の場合）

全部事項証明

本籍 氏名	千葉県我孫子市〇〇五丁目６番地 佐藤　愛子
戸籍事項 戸籍編製	【編製日】平成２０年６月５日
戸籍に記録されている者	【名】愛子 ← 筆頭者（妻）
戸籍に記録されている者	【名】一郎 ← 配偶者 【生年月日】昭和５５年３月１０日　【配偶者区分】夫
戸籍に記録されている者	【名】祐 ← 振りがなはありません＊ 【生年月日】平成２１年４月７日 【父】佐藤一郎 【母】佐藤愛子 【続柄】長男
身分事項 出生	【出生日】平成２１年４月７日 【出生地】東京都港区 【届出日】平成２１年４月１４日 【届出人】父 【送付を受けた日】平成２１年４月１６日 ← 本籍地に通知された日 【受理者】東京都港区長

※この家族の戸籍は30頁～31頁（サンプル２）に掲載してあります。

＊戸籍法改正により、戸籍の記載事項に氏名の振り仮名が追加されます。法施行後（令和７年５月頃予定）は、出生届に振り仮名の記載が必要です（164頁参照）。

【子の名前が決まらないときは】

父母（届出義務者）が、正当な理由がないのに届出期間内に出生届を出さないと、５万円以下の過料です（戸籍法52条、137条）。そこで、期間内に子の名前が決まりそうもない場合は、子の名前を書かずに、あるいは「未定」と書いて、出生届を出すことができます。届出期間内にその子を入籍し、名前が決まったら、改めて「追完届」を出して、戸籍に名前を載せてもらうのです。ただし、届出の手間もかかりますし、戸籍上に「後から名前を届け出た」ことが記載されるので、お勧めはできません。

2 離婚する夫婦に未成年の子がいると戸籍は？

★子の身分事項欄に父母のどちらが親権者か明記される

妻（または夫）は夫婦の戸籍から除籍され、前の戸籍に戻る（**復籍**という）か、新しい戸籍に移ります。妻が未成年の子の親権者でも、子は夫の戸籍に残ったままです（サンプル32参照）。その子の籍を母である妻の戸籍に移すには家庭裁判所に子の氏の変更許可の審判を申し立て、裁判所の許可を得る必要があります。その許可が下りたら、**入籍届**に審判所の謄本を付けて、住所地または本籍地の市町村に届け出るのです。届出が受理されて初めて、子は夫の籍から除籍され妻の戸籍に入ります（サンプル33参照）。

なお、子が一五歳未満の場合、審判申立てや入籍届は、子に代わって親権者の妻がします。

子は親権者と同じ戸籍に入るわけではない

未成年の子がいる夫婦は、その子の親権者にどちらがなるか決めないと、離婚届は受理されません（法律上の離婚ができない）。夫婦で決められない場合、家庭裁判所に調停を申し立てる方法もあります。裁判離婚の場合は、裁判所が親権者を決めます（民法八一九条※）。

※令和六年五月の法改正で、夫婦は離婚後も子の共同親権を選択できるようになった（二年以内に施行の予定。一六四頁参照）。

ところで、夫婦は離婚すると、筆頭者でない

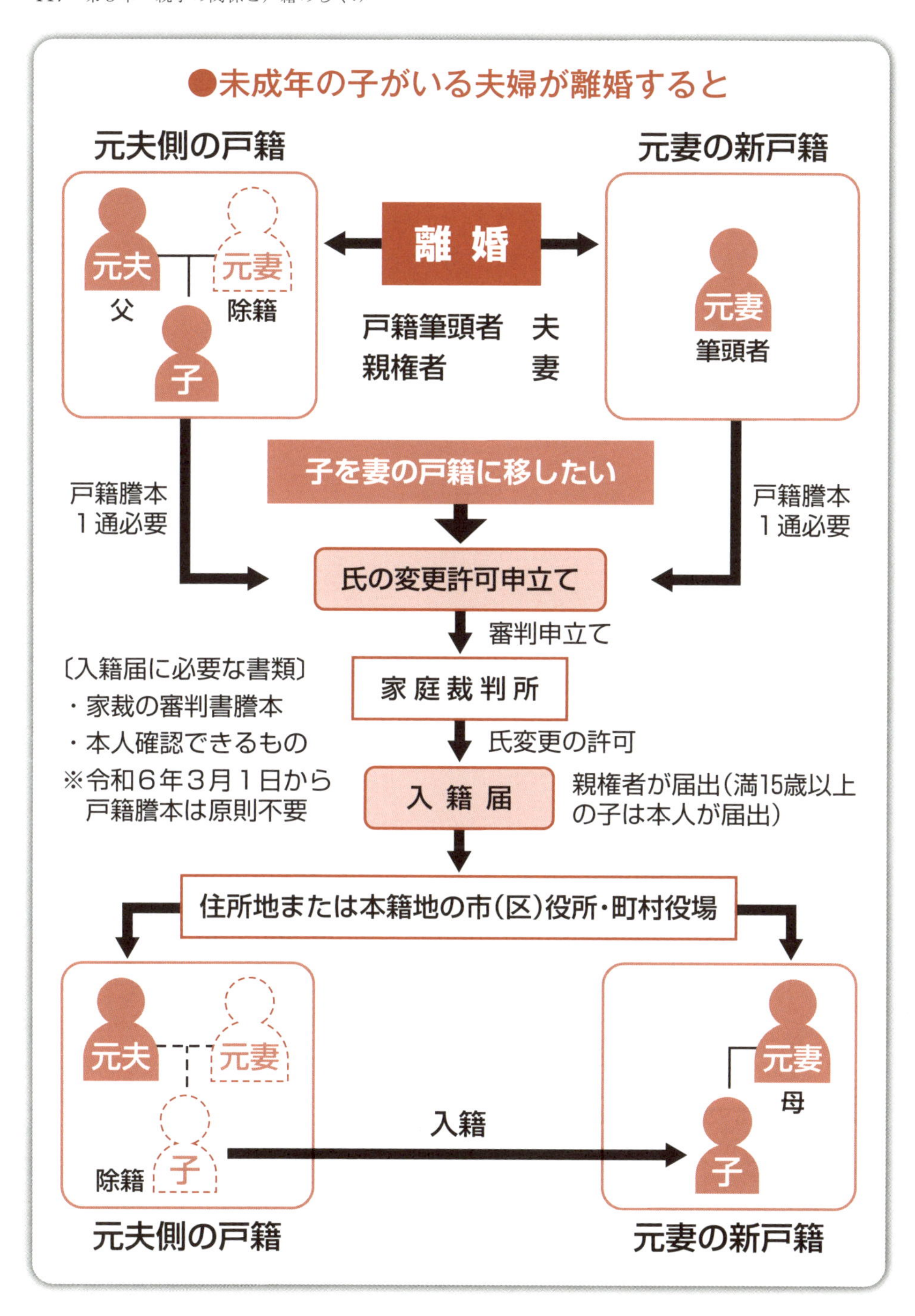
●未成年の子がいる夫婦が離婚すると
元夫側の戸籍
元妻の新戸籍
元夫
元妻
父
除籍
子
離　婚
戸籍筆頭者　夫
親権者　妻
元妻
筆頭者
子を妻の戸籍に移したい
戸籍謄本
１通必要
戸籍謄本
１通必要
氏の変更許可申立て
審判申立て
〔入籍届に必要な書類〕
・家裁の審判書謄本
・本人確認できるもの
※令和６年３月１日から
戸籍謄本は原則不要
家庭裁判所
氏変更の許可
入籍届
親権者が届出（満15歳以上の子は本人が届出）
住所地または本籍地の市（区）役所・町村役場
元夫
元妻
除籍
子
入籍
元妻
母
子
元夫側の戸籍
元妻の新戸籍

【サンプル32】協議離婚で未成年の子の親権者を母と定めた父の戸籍

全部事項証明

本　籍 氏　名	東京都大田区○○三丁目５番地 谷村　昌彦
戸籍事項 　戸籍編製	【編製日】平成１９年５月６日
戸籍に記録されている者	【名】昌子 【生年月日】平成２０年１２月２５日 【父】谷村昌彦 【母】谷村桜子 【続柄】長女
身分事項 　出　生	【出生日】平成２０年１２月２５日 【出生地】東京都大田区 【届出日】平成２０年１２月２７日 【届出人】父
親　権	【親権者を定めた日】平成２１年５月８日 【親権者】母 【届出人】父母

親権者が父なら「父」と入ります

★サンプル32の解説

夫婦の離婚届が受理されると、未成年の子の身分事項欄には、親権についての事項が設けられ、離婚届に記載された親権者の続柄（父または母）が記載されます。協議離婚の場合、届出人は父母です。

なお、裁判上の離婚で親権者が決まった場合には、届出人の記載はなく、また協議離婚では「**親権者を定めた日**」と書かれた１行目の項目は、「**親権者を定められた日**」となります。

【サンプル33】離婚後、親権者である母の戸籍に入籍した子の戸籍

全部事項証明

本　籍 氏　名	広島県広島市○○区△△一丁目２番地 山田　桜子
戸籍事項 　戸籍編製	【編製日】平成２１年５月１３日
戸籍に記録されている者	【名】昌子 【生年月日】平成２０年１２月２５日 【父】谷村昌彦 【母】谷村桜子 【続柄】長女
身分事項 　出　生	【出生日】平成２０年１２月２５日 【出生地】東京都大田区 【届出日】平成２０年１２月２７日 【届出人】父
入　籍	【届出日】平成２１年７月１７日 【入籍事由】母の氏を称する入籍 【届出人】親権者母 【従前戸籍】東京都大田区○○三丁目５番地　谷村昌彦
	以下余白

★サンプル33の解説

家庭裁判所の許可を得て、未成年の子の戸籍を、父親（元夫）から母親（元妻）の戸籍に移した例です。子を**入籍させるには、母親が戸籍筆頭者**でなければなりません。筆頭者でない場合は、母親を筆頭者とした新戸籍が作られます。入籍事由は「母の氏を称する入籍」です。なお、母親が離婚後も結婚中の姓（子の姓と同じ）を名乗っている場合も、家庭裁判所から氏変更の許可を得なければなりません。

3 婚外子を認知したいが戸籍はどうなるか

★認知しても子が父親の戸籍に入るわけではない

任意認知と強制認知がある

結婚していない男女間（事実婚の夫婦も含む）に生まれた子は、その父親との間に生物学的なつながりはあっても、法律上の父子関係はありません。認知という手続きで自分の子だと認めない限り、その子は扶養や相続の面で父親から何の保護も受けられないのです（民法七七九条。母子関係は認知不要＝通説・判例）。

認知には、父親が市町村に認知届を出す任意認知と、子または母親が認知しない父親を相手取り、家庭裁判所に認知を求める調停・審判・裁判を申し立てる強制認知があります（次頁図参照）。どちらも、市町村に認知届が受理されると法律上の父子関係が成立、父と子の戸籍にも、その事実が記載されるのです（サンプル35、36）。

ただし、認知されても、父の姓を名乗れるとか、その戸籍に入れるということではありません。父の姓を名乗り、戸籍に入るには、家庭裁判所の審判で子の氏の変更許可を取り、その謄本を付けて市町村に入籍届を出す必要があります。

なお、認知された子は父親の遺産の相続権を得ますが、その相続分は嫡出子（ちゃくしゅつし）と同じです（なお、認知届の後、母親が父親と結婚すると、認知された子は嫡出子になります＝準正（じゅんせい））。

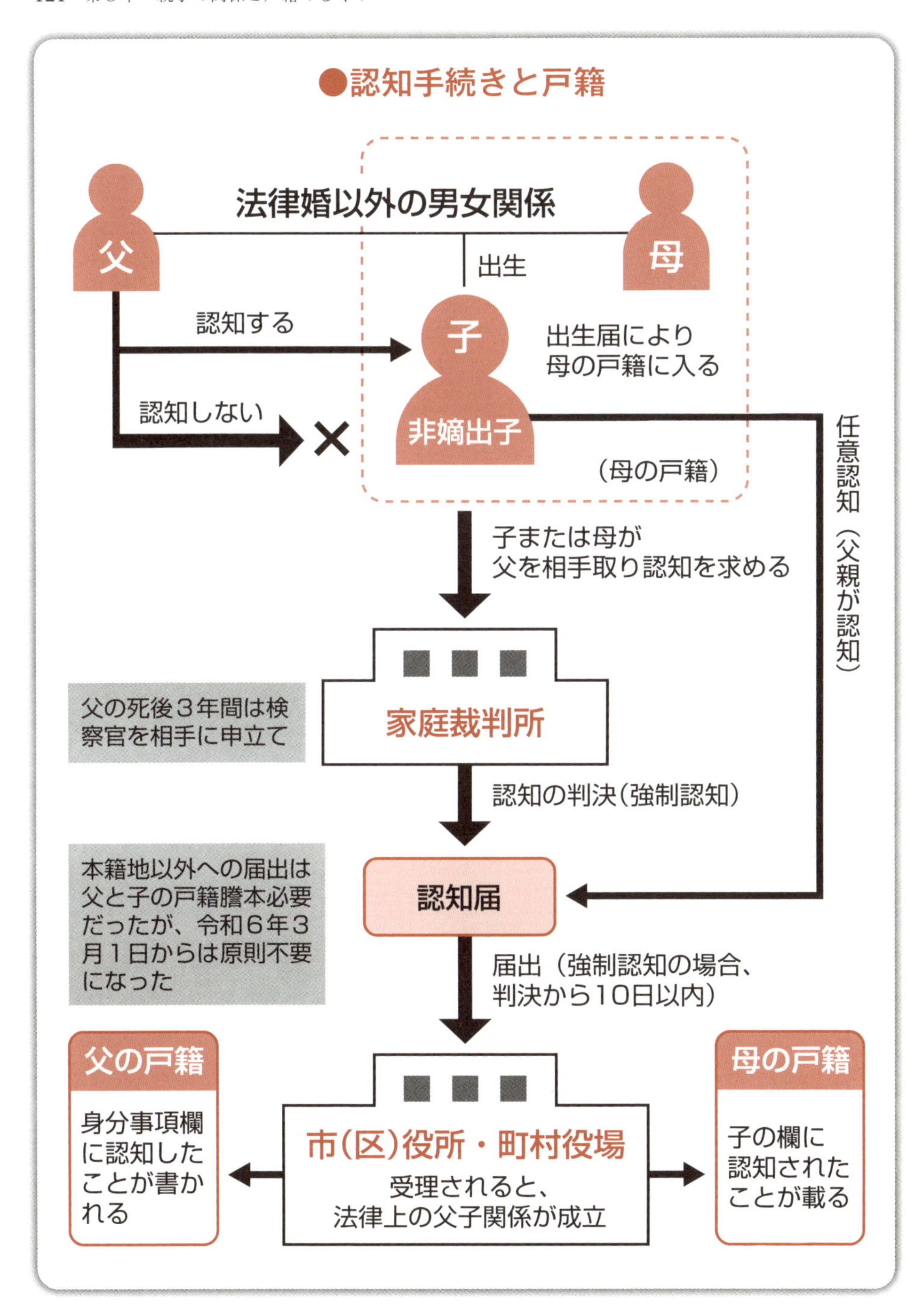
●認知手続きと戸籍
法律婚以外の男女関係
父
母
出生
認知する
子
出生届により
母の戸籍に入る
認知しない
×
非嫡出子
（母の戸籍）
任意認知（父親が認知）
子または母が
父を相手取り認知を求める
父の死後３年間は検察官を相手に申立て
家庭裁判所
認知の判決（強制認知）
本籍地以外への届出は父と子の戸籍謄本必要だったが、令和６年３月１日からは原則不要になった
認知届
届出（強制認知の場合、
判決から10日以内）
父の戸籍
身分事項欄に認知したことが書かれる
市（区）役所・町村役場
受理されると、
法律上の父子関係が成立
母の戸籍
子の欄に認知されたことが載る

認　知　届

平成20年　8月　7日届出

広島市○○区 長　殿

受理　平成　年　月　日　第　号	発送　平成　年　月　日
送付　平成　年　月　日　第　号	長印

書類調査	戸籍記載	記載調査	附票	住民票	通知	

	認知される子	父母との続き柄	認知する父
（よみかた）	かた　やま　さとる		やま　だ　たろう
氏名	氏 片山　名 智	☑男 □女	氏 山田　名 太郎
生年月日	平成6年　5月　26日		昭和26年　10月　7日
住所（住民登録をしているところ）	東京都港区××3丁目　8番地(番)　3号		広島市○○区△△2丁目　3番地(番)　8号
	世帯主の氏名　片山桐子		世帯主の氏名　山田太郎
本籍（外国人のときは国籍だけを書いてください）	大阪市△△区○○　6(番地)番		広島市○○区△△一丁目　2(番地)番
	筆頭者の氏名　片山桐子		筆頭者の氏名　山田太郎

認知の種別	☑任意認知　□審判　年　月　日確定 □判決　年　月　日確定 □遺言認知（遺言執行者　年　月　日　就職）
子の母	氏名　片山桐子　昭和42年　11月　3日生 本籍　大阪市△△区○○　6(番地)番 筆頭者の氏名　片山桐子
その他	☑未成年の子を認知する　□成年の子を認知する　□死亡した子を認知する □胎児を認知する
届出人	☑父　□その他（　　　）
	住所　広島市○○区△△2丁目　3番地(番)　8号
	本籍　広島市○○区△△一丁目2(番地)番　筆頭者の氏名　山田太郎
	署名　山田太郎　㊞　昭和26年　10月　7日生

◎届出人の印を御持参下さい

※押印は令和３年９月１日以降は任意になった。

【サンプル35】認知した父親の戸籍（任意認知）

本籍	広島県広島市○○区△△一丁目九番地（訂正：弐番地）
氏名	山田太郎

昭和五拾弐年六月九日編製㊞
平成五年参月六日△△一丁目弐番地に転籍
届出㊞

昭和弐拾六年拾月七日広島県広島市で出生同月拾五日父届出入籍㊞
昭和五拾弐年六月九日田中花子と婚姻届出広島県広島市○○区△△一丁目九番地山田竜郎戸籍から入籍㊞
昭和六拾年壱月拾六日妻花子死亡㊞
平成弐拾年八月七日大阪市△△区○○六番地片山桐子同籍智を認知届出㊞

父	山田竜郎	長男
母	久乃	
名	太郎	
出生	昭和弐拾六年拾月七日	

婚外子を認知したこと（入籍せず）を示します

※父の戸籍が電子化されている場合、その身分事項欄に「認知」の項目が記載されます（記載内容は一二五頁サンプル34〜36の解説参照）。

（2の1）　全部事項証明

本　　籍 氏　　名	大阪市△△区○○６番地 片山 桐子
戸籍事項 戸籍編製	【編製日】平成６年６月８日
戸籍に記録されている者	【名】桐子 【生年月日】昭和４２年１１月３日 【父】片山五郎 【母】片山まゆ美 【続柄】三女
身分事項 出　　生	【出生日】昭和４２年１１月３日 【出生地】大阪市○○区 【届出日】昭和４２年１１月１０日 【届出人】父
子の出生	【入籍日】平成６年６月８日 【入籍事由】子の出生届出 【従前戸籍】大阪市△△区○○６番地　片山五郎
戸籍に記録されている者	【名】智 【生年月日】平成６年５月２６日 【父】山田太郎 【母】片山桐子 【続柄】男
身分事項 出　　生	【出生日】平成６年５月２６日 【出生地】東京都港区 【届出日】平成６年６月１日 【届出人】母 【送付を受けた日】平成６年６月８日 【受理者】東京都港区長

平成16年11月以降は、非嫡出子も、「長男」「長女」と記載されるようになりました。それ以前に出生し、「男」「女」と記されている場合も、申出をすれば続柄欄の記載を改めることができます。

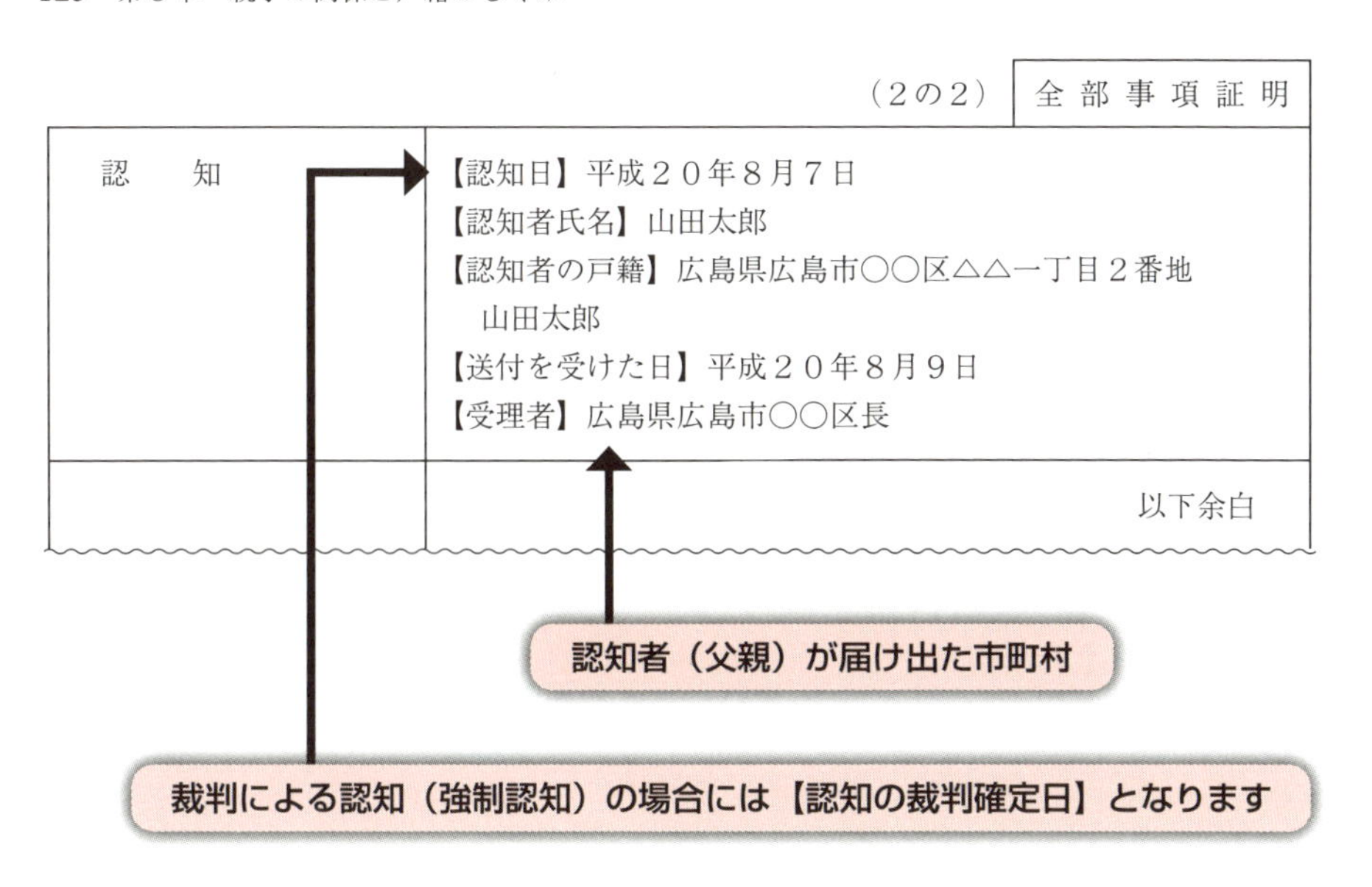
（2の2）　全部事項証明

認　知	【認知日】平成２０年８月７日 【認知者氏名】山田太郎 【認知者の戸籍】広島県広島市○○区△△一丁目２番地 　山田太郎 【送付を受けた日】平成２０年８月９日 【受理者】広島県広島市○○区長
	以下余白

★サンプル34～36の解説

認知届（サンプル34）は本籍地以外でも出せます。その場合、父親の戸籍（サンプル35）の身分事項欄の記載は、「……同籍智を認知届出」の後に、たとえば「平成弐拾年八月九日東京都港区長から送付」などと書かれます。この記載があると、本籍地以外で届け出たことがわかります（結婚や離婚など他の届出の場合も同じ）。電子化された戸籍では、「認知日」「認知した子の氏名」「認知した子の戸籍」の後に、「送付を受けた日」「受理者」という項目が追加されます。

なお、子の戸籍（未成年者は通常、母親の戸籍）には、子の身分事項欄に認知事項が書かれます（サンプル36）。これは任意認知の例ですが、裁判による認知（強制認知）では一行目の「認知日」が「認知の裁判確定日」と変わります。また、遺言による認知では、「認知者氏名」に記載された父親氏名の頭に「亡」が付きます。

4 養子をもらうと戸籍はどうなるか

★養子は養親の姓を名乗って養親の戸籍に入る

養子は嫡出子だが戸籍上は実子と区別

血のつながりのない親（養親）と子（養子）に、法律上の親子関係を認めようという制度が養子制度です。養子縁組に合意した養親と養子が、市町村に養子縁組届を出し受理されると、養子は養親の戸籍に入り、実親の戸籍から除籍されます（法律上の親子関係が成立）。ただし、養子と実親の法律上の親子関係も切れません。

なお、一定の制限はありますが、養親には誰でもなれますし、また満一五歳以上なら自分の意思で養子になれます（次頁図）。

養子は養子縁組届を出した日から養親の嫡出子になり、相続分など法律上の権利義務は実子と同じです。ただし、戸籍の続柄欄は「養子」で、実子のように「長男」「長女」と記載されることはありません（サンプル37）。

また、戸籍に記載される順番は、子の場合、出生日の早い方が先です（戸籍法一四条）が、すでに戸籍に記載されている子がいると、出生日が早くても戸籍の末尾に記載されます（同条三項）。なお、事例の養子は満一五歳未満なので法定代理人の承諾が必要なため、身分事項欄の養子縁組の欄には「代諾者」が記載されます。満一五歳以上の養子は、この項目はありません。

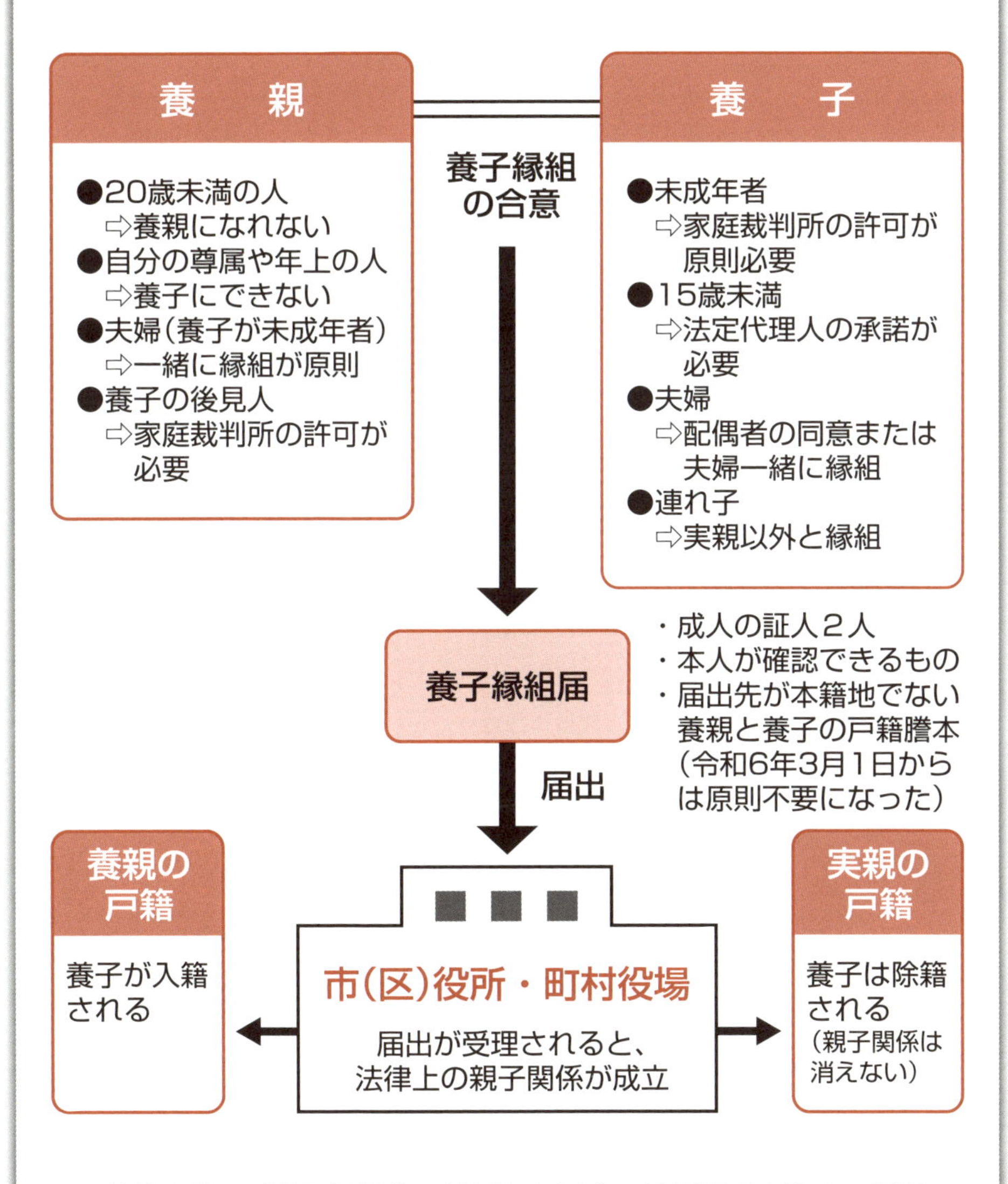
●普通養子縁組と戸籍手続きの流れ
養　親
●20歳未満の人
⇨養親になれない
●自分の尊属や年上の人
⇨養子にできない
●夫婦（養子が未成年者）
⇨一緒に縁組が原則
●養子の後見人
⇨家庭裁判所の許可が必要
養子縁組の合意
養　子
●未成年者
⇨家庭裁判所の許可が原則必要
●15歳未満
⇨法定代理人の承諾が必要
●夫婦
⇨配偶者の同意または夫婦一緒に縁組
●連れ子
⇨実親以外と縁組
養子縁組届
・成人の証人２人
・本人が確認できるもの
・届出先が本籍地でない養親と養子の戸籍謄本（令和6年3月1日からは原則不要になった）
届出
養親の戸籍
養子が入籍される
市（区）役所・町村役場
届出が受理されると、法律上の親子関係が成立
実親の戸籍
養子は除籍される
（親子関係は消えない）
※養親や養子が養子縁組後に結婚した場合、結婚相手と改めて縁組しないと、その相手には養子縁組の効果は及びません。

【サンプル37】満一五歳未満の子と養子縁組した夫婦の戸籍

（2の1）　全部事項証明

本籍 氏名	千葉県我孫子市〇〇五丁目6番地 佐藤　愛子
戸籍事項 戸籍編製	【編製日】平成２０年６月５日
戸籍に記録されている者 養親	【名】愛子 【生年月日】昭和５９年６月２１日　【配偶者区分】妻 【父】佐藤祐介 【母】佐藤由紀 【続柄】長女
身分事項 出生	省略（30頁～31頁・サンプル２参照）
婚姻	省略（同上）
養子縁組	【縁組日】平成２１年４月１７日 【共同縁組者】夫 【養子氏名】谷村昌子
戸籍に記録されている者 養親	【名】一郎 【生年月日】昭和５５年３月１０日　【配偶者区分】夫 【父】山田太郎 【母】山田花子 【続柄】長男
身分事項 出生	省略（サンプル２参照）
婚姻	省略（同上）
養子縁組	【縁組日】平成２１年４月１７日 【共同縁組者】妻 【養子氏名】谷村昌子

谷村昌子を夫婦が共同で養子にしたことを示します

（２の２）　全 部 事 項 証 明

戸籍に記録されている者	【名】祐 【生年月日】平成２１年４月７日 【父】佐藤一郎 【母】佐藤愛子 【続柄】長男
身分事項 出　生	省略（サンプル２参照）
戸籍に記録されている者	【名】昌子 【生年月日】平成２０年１２月２５日 【父】谷村昌彦 【母】谷村桜子 【続柄】長女 【養父】佐藤一郎 【養母】佐藤愛子 【続柄】養女
身分事項 出　生	【出生日】平成２０年１２月２５日 【出生地】東京都大田区 【届出日】平成２０年１２月２７日 【届出人】父
養子縁組	【縁組日】平成２１年４月１７日 【養父氏名】佐藤一郎 【養母氏名】佐藤愛子 【代諾者】親権者父母 【従前戸籍】東京都大田区○○三丁目５番地　谷村昌彦
	以下余白

5 特別養子をもらうと戸籍はどうなるか

★特別養子は戸籍上、実子同様に記載されている

養親は満二五歳以上の夫婦 養子は満一五歳未満が条件

養子を戸籍上も実子としたい。養親のそんな願いを実現したのが**特別養子制度**（前項は普通養子制度という）です。この制度では、養子と実親の親子関係を断ち切り、戸籍上も養子とはわからない配慮がされています（**サンプル38**）。

特別養子縁組は、養親と養子との合意だけで成立する普通養子縁組と違い、養子になる子の実親の同意の他、**家庭裁判所の許可**も必要です（民法八一七条の二）。また、特別養子の養親になれるのは満二五歳以上の夫婦だけで、養子は原則満一五歳未満です。ただし、この制度では、実親による養育が困難な子の福祉も目的としていますから、養親となる夫婦は養子とする子を縁組の前に、六か月以上試験的に育てなければなりません。その他様々な条件を考慮し、家庭裁判所の許可が下りると、養親は許可審判書の謄本と確定証明書を添えて、本籍地や住所地の市町村に**特別養子縁組届**を出します。

届出が受理されると、実親の本籍地に養親の姓を名乗る特別養子の単独戸籍が作られ（**サンプル39**）、特別養子はそこから養親の戸籍に入るのです。そのため、戸籍上の記載は一見養父母の実子に見えます。

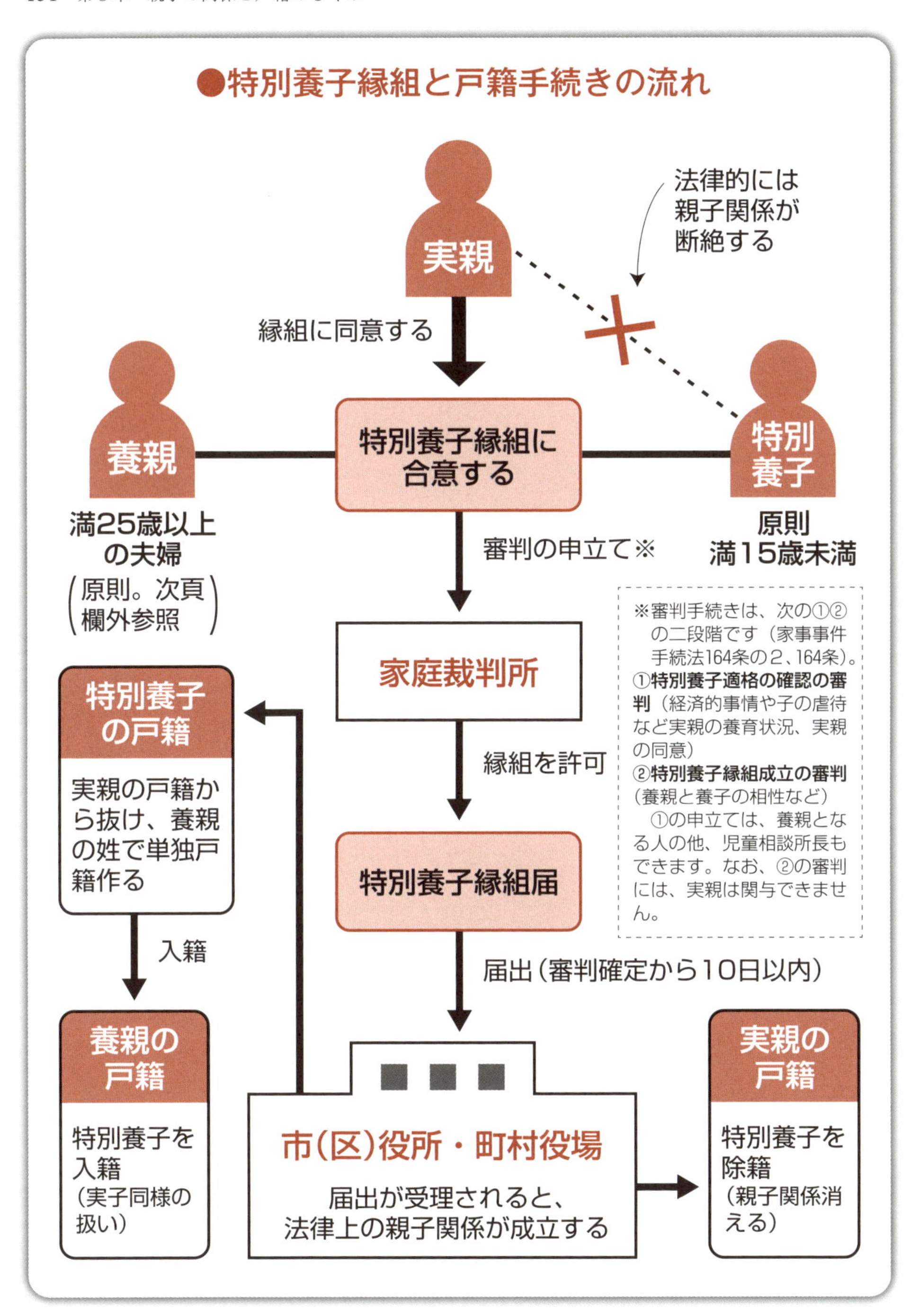

●特別養子縁組と戸籍手続きの流れ
実親
法律的には
親子関係が
断絶する
縁組に同意する
養親
満25歳以上
の夫婦
（原則。次頁
欄外参照）
特別養子縁組に
合意する
特別
養子
原則
満15歳未満
審判の申立て※
家庭裁判所
※審判手続きは、次の①②
の二段階です（家事事件
手続法164条の２、164条）。
①特別養子適格の確認の審判（経済的事情や子の虐待など実親の養育状況、実親の同意）
②特別養子縁組成立の審判（養親と養子の相性など）
①の申立ては、養親となる人の他、児童相談所長もできます。なお、②の審判には、実親は関与できません。
縁組を許可
特別養子縁組届
届出（審判確定から10日以内）
特別養子
の戸籍
実親の戸籍から抜け、養親の姓で単独戸籍作る
入籍
養親の
戸籍
特別養子を
入籍
（実子同様の
扱い）
市（区）役所・町村役場
届出が受理されると、
法律上の親子関係が成立する
実親の
戸籍
特別養子を
除籍
（親子関係消
える）

（2の1）　全部事項証明

本　　籍 氏　　名	千葉県我孫子市○○五丁目6番地 佐藤　愛子
戸籍事項 　戸籍編製	【編製日】平成２０年6月５日
戸籍に記録されている者	【名】愛子 【生年月日】昭和５９年6月２１日　【配偶者区分】妻 【父】佐藤祐介 【母】佐藤由紀 【続柄】長女
身分事項 　出　　生 　婚　　姻	省略（30頁～31頁・サンプル２参照） 省略（同上）
戸籍に記録されている者	【名】一郎 【生年月日】昭和５５年３月１０日　【配偶者区分】夫 【父】山田太郎 【母】山田花子 【続柄】長男
身分事項 　出　　生 　婚　　姻	省略（サンプル２参照） 省略（同上）
戸籍に記録されている者	【名】祐 【生年月日】平成２１年４月７日 【父】佐藤一郎 【母】佐藤愛子 【続柄】長男

養親（満二五歳以上）

実子

※満25歳未満の者は特別養子の養親になれない（**原則**）。ただし、養親になる夫婦の一方が満25歳以上なら、もう片方は満20歳以上で養親になれる(**例外**)。（民法817条の4）

※家庭裁判所に特別養子縁組の許可を請求する時点で満15歳以上の子は特別養子になれない（原則）。ただし、養親になる夫婦が満15歳になる前から育てている子は、満18歳になるまでなら満15歳以上でも特別養子になれる（例外）（同法817条の5）。

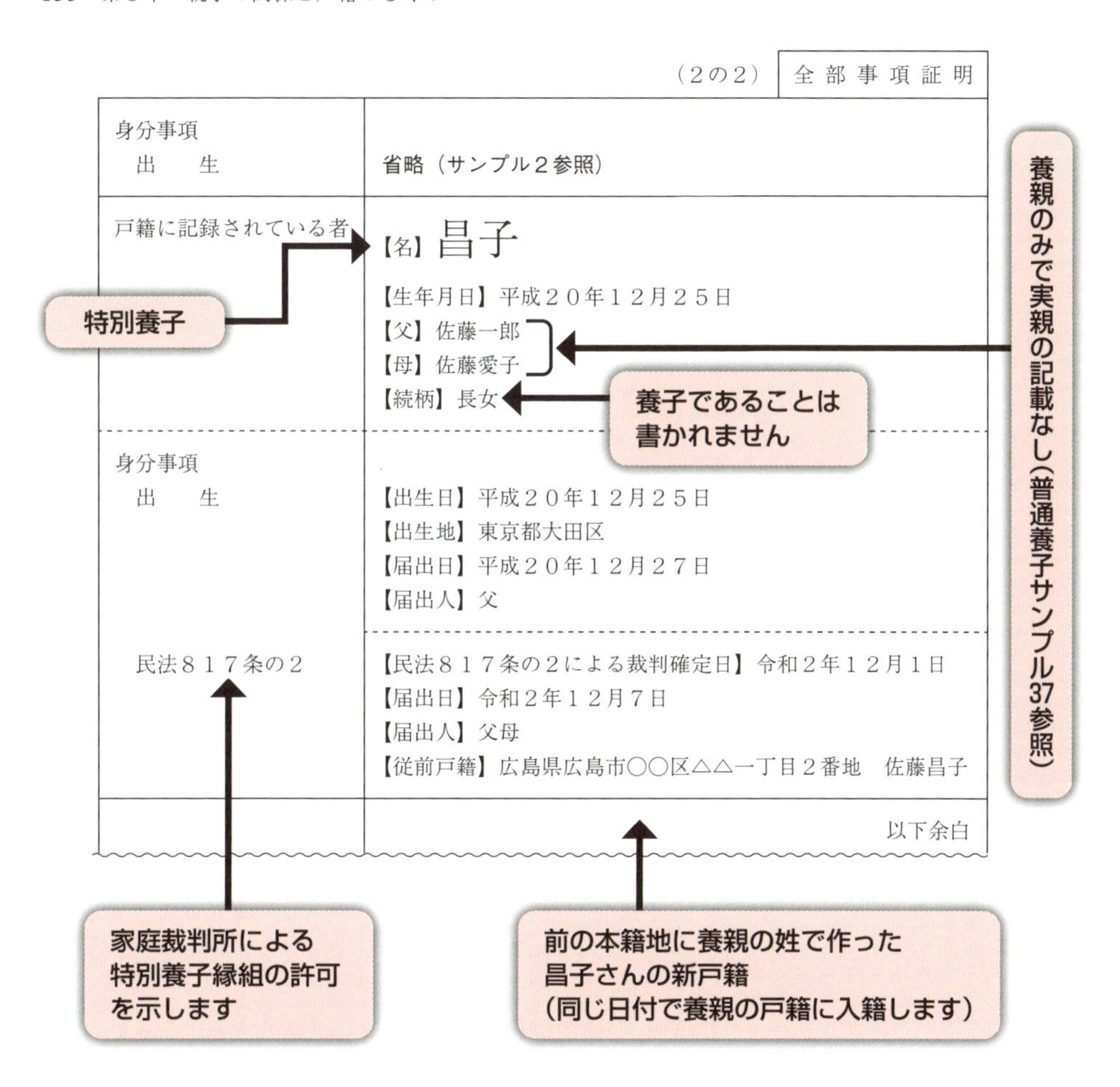
(2の2)　全部事項証明

身分事項 出　　生	省略(サンプル2参照)
戸籍に記録されている者	【名】昌子 【生年月日】平成20年12月25日 【父】佐藤一郎 【母】佐藤愛子 【続柄】長女
身分事項 出　　生	【出生日】平成20年12月25日 【出生地】東京都大田区 【届出日】平成20年12月27日 【届出人】父
民法817条の2	【民法817条の2による裁判確定日】令和2年12月1日 【届出日】令和2年12月7日 【届出人】父母 【従前戸籍】広島県広島市○○区△△一丁目2番地　佐藤昌子
	以下余白

★サンプル38、39の解説

民法が改正され、特別養子になることができる年齢が、令和2年4月1日からは満15歳に引き上げられています。サンプル38は、この改正後に特別養子縁組をして、特別養子をもらった養親の戸籍です。

普通養子をもらった夫婦の戸籍(128頁サンプル37参照)と異なり、養親の欄には養子縁組の記載はありません。養子の欄にも実親の記載はなく、養親が父母と書かれています。養子であることがわかりづらくなっているのです。ただし、身分事項欄に「民法817条の2(家庭裁判所による特別養子縁組の許可)」との記載があり、この子が特別養子だということがまったくわからないわけではありません。

なお、実親の存在を消すため特別養子は一度単独戸籍(サンプル39)を作りますが、これを見れば、実親も探せるのです。

【サンプル39】特別養子縁組をするため作られた特別養子の単独戸籍

除　　籍	全部事項証明
本　　籍	広島県広島市○○区△△一丁目２番地
氏　　名	佐藤　昌子
戸籍事項 戸籍編製 戸籍消除	 【編製日】令和２年１２月１０日 【消除日】令和２年１２月１０日
戸籍に記録されている者 除　籍	【名】昌子 【生年月日】平成２０年１２月２５日 【父】谷村昌彦 【母】山田桜子 【続柄】長女
身分事項 出　　生	 【出生日】平成２０年１２月２５日 【届出地】東京都大田区 【届出日】平成２０年１２月２７日 【届出人】父
特別養子縁組	【特別養子縁組の裁判確定日】令和２年１２月１日 【養父氏名】佐藤一郎 【養母氏名】佐藤愛子 【届出日】令和２年１２月７日 【届出人】父母 【送付を受けた日】令和２年１２月１０日 【受理者】千葉県我孫子市長 【従前戸籍】広島県広島市○○区△△一丁目２番地　山田桜子 【入籍戸籍】千葉県我孫子市○○五丁目６番地　佐藤愛子
	以下余白

戸籍編製と同じ日付で除籍（養親の戸籍に入籍されるため）

実親（筆頭者）の戸籍

戸籍の急所

「非嫡出子」は戸籍も相続も差別撤廃

――「男」「女」と書かれた戸籍の旧記載も「長男」「長女」など嫡出子と同じに変更可〔この項・國部〕

ここまで読んでいただいた方は、戸籍という制度が、いろいろな場面で夫婦や親子のつながりを証明する書類であることを実感していただいたと思います。

特にいろいろな場面で異なった扱いになっているのが、結婚している（していた、も含む）両親の間の子どもと、結婚していない両親の間の子どもの区別です。前者は「嫡出子」、後者は「非嫡出子」（嫡出でない子）として、戸籍上区別されてきました。そして言うまでもなく、この区別が一番大きな影響力を及ぼすのが、相続の場面での相続分の違いでした。

「でした」と言ったのは、この相続分についての異なる扱いは憲法一四条の規定する法の下の平等に違反する、という最高裁判所の判決が、平成二五年九月四日に出たからです。それまで長い間いろいろな議論がありましたが、両親が結婚しているかどうかは子供に左右できることではないのに自分のコントロールの及ばない事情によって差別されるのはおかしい、という考え方が多数になり、それまでの判例が変更されたわけです。

最高裁判所の判例が変更されたことで、国会も法改正に着手し、平成二五年一二月に、非嫡出子の相続分を嫡出子の半分とするという民法の規定は削除されました。それによって、その後に発生した相続については、非嫡出子の相続分の差別はなくなりました。

そして、差別の撤廃から一〇年以上経過し、今では非嫡出子を差別しない扱いが常識として定着したといえるでしょう。

ここで一つ疑問が湧いてきます。それは、平成二五年九月四日より前に死亡していた人の相続は、どうなるのか、ということです。

実は令和六年四月から、不動産の相続登記を義務づける法律が施行されました。自分が行ったことのない田舎に、先祖名義の不動産が残っている、というケースは結構あるものです。このような不動産についても、原則として三年以内に相続登記をしなければならないため、何十年も前の相続について、相続割合を決めなければならない、ということが起こります。

これについては、最高裁判所が結論を出しており、判決文の中で、今回の判決は既に決着済みの相続案件には適用されない（蒸し返さない）ということを述べています。裁判というのは、本来は当事者間の紛争を解決するものなので、他のケースに影響するということはないのですが、最高裁判所の判例は法律以上の効力があるともいえるので、他のケースへの影響を考慮したものでしょう。

ということで、昔の相続については、非嫡出子は嫡出子の二分の一という昔の規定が適用される、というのが正解です。

非嫡出子の差別は、今では憲法違反ということになりましたが、かつては憲法に違反しないとされており、多くの人はそれを受け入れて相続を処理してきました。しかし、判例が変更されたのだから、相続をやり直せる、と考えていいかというと、これはそう簡単にはいきません。だいいち、そんなことを無制限に認めると、あらゆる法律関係が覆ってしまって、大変なことになるというのは、想像していただけると思います。

おそらく最高裁判所は、国会が法律を改正して「〇年〇月〇日以後に死亡した人から、非嫡出子の差別を撤廃する」と明確に定めることを期待していたと思われます。しかし、なかなか話が進まないために、やむなく自ら違憲判断を示さざるを得なくなったのではなかと思います。

第6章

遺産の相続と戸籍のしくみ

この章の内容は……

1・死亡したら戸籍はどうなるのか

2・妻が亡夫の親族と縁を切りたいときは？

3・遺産相続に必要な戸籍はどこまでか

1 死亡したら戸籍はどうなるのか

★死んだ人は戸籍から「除籍」される

戸籍の全員が除籍されたら その戸籍は除籍簿に移る

人が死ぬと、相続や身分上の問題を生じます。たとえば、死んだ人の妻（**生存配偶者**という）は再婚できますし、旧姓に戻ることも夫の親族（**姻族**という）との縁を切ることも自由です。また、遺産があれば、相続人は相続できます。

一方、死んだ人の親族や同居人、大家などは、その死を知ったときから七日以内に、本籍地の市町村（住所地や死亡地でもいい）に**死亡届**を出さなければなりません（戸籍法八六～八八条）。

死亡届が受理されると、死んだ人は戸籍から除籍されます（次頁図、**サンプル40**）。ただし、死んだ人が筆頭者の場合、他に在籍者がいても、その戸籍の筆頭者は変わりません。死んだ人のままです。なお、在籍者全員が除籍されると、その戸籍自体が除籍され（**消除**という）、戸籍簿から除籍簿に移されます（**サンプル41**）。

ところで、生死はわからないが、七年間行方不明（天災や戦災は一年間）という場合、その人の利害関係人（配偶者や相続人、保険金受取人など）は、家庭裁判所に**失踪宣告の申立て**ができます。審判で失踪宣告が確定すると、その人は法律上、死んだとみなされ、戸籍から除籍されるのです（**サンプル42**）。

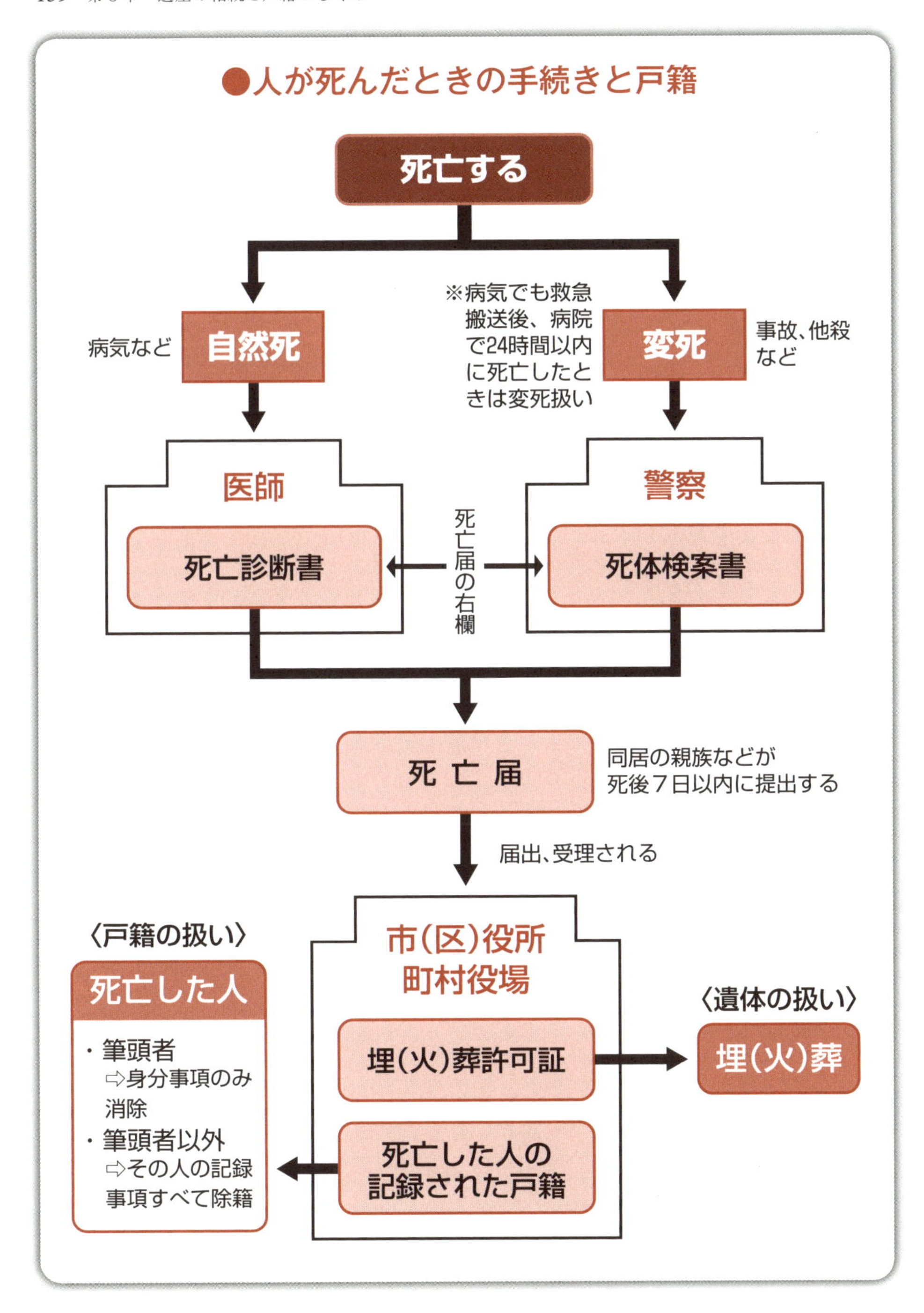
●人が死んだときの手続きと戸籍
死亡する
病気など
自然死
※病気でも救急搬送後、病院で24時間以内に死亡したときは変死扱い
変死
事故、他殺など
医師
死亡診断書
死亡届の右欄
警察
死体検案書
死 亡 届
同居の親族などが死後７日以内に提出する
届出、受理される
〈戸籍の扱い〉
死亡した人
・筆頭者
⇨身分事項のみ消除
・筆頭者以外
⇨その人の記録事項すべて除籍
市（区）役所
町村役場
埋（火）葬許可証
死亡した人の記録された戸籍
〈遺体の扱い〉
埋（火）葬

【サンプル40】夫の死亡届を本籍地に届け出た夫婦の戸籍

全部事項証明

本籍 氏名	東京都大田区○○三丁目５番地 谷村　昌彦
戸籍事項 戸籍編製	【編製日】平成１９年５月６日
戸籍に記録されている者 除籍	【名】昌彦 【生年月日】昭和５０年６月１日 【父】谷村勝彦 【母】谷村冬美 【続柄】二男
身分事項 出生 婚姻 死亡	 【死亡日】平成２１年４月１日 【死亡時間】午前３時３０分 【死亡地】東京都大田区 【届出日】平成２１年４月３日 【届出人】親族　佐藤一郎
戸籍に記録されている者	【名】桜子 【生年月日】昭和５７年９月１７日 【父】山田太郎 【母】山田花子 【続柄】長女
身分事項 出生 婚姻 配偶者の死亡	 【配偶者の死亡日】平成２１年４月１日
	以下余白

筆頭者（昌彦さん）が死亡しても、まだ在籍者がいるので、この戸籍は昌彦さんが筆頭者のまま残ります

死亡により筆頭者の昌彦さんは除籍されます

同居していない親族でもOK

配偶者区分が消えます（死亡した配偶者も同じ）

夫である昌彦さんの死亡の事実と死亡日が記されます

【サンプル41】記録されている人が全員除籍された戸籍（電子化前）

除籍

本籍	広島県広島市〇〇区△△一丁目九番地 弐番地
氏名	山田太郎

昭和五拾弐年六月九日編製㊞

平成五年参月六日△△一丁目弐番地に転籍

届出㊞

平成弐拾壱年四月五日消除㊞

昭和弐拾六年拾月七日広島県広島市で出生同月拾五日父届出入籍㊞

昭和五拾弐年六月九日田中花子と婚姻届出広島県広島市〇〇区△△一丁目九番地山田竜郎戸籍から入籍㊞

昭和六拾年壱月拾六日妻花子死亡㊞

平成弐拾壱年四月弐日午後四時弐参分広島県広島市で死亡同月五日親族谷村桜子届出除籍㊞

父	山田竜郎	長男
母	久乃	
夫	太郎	
出生	昭和弐拾六年拾月七日	

全員が除籍されたので、この戸籍を閉じ、除籍簿に移します

「×」で消す

全部事項証明

本　籍 氏　名	東京都大田区○○三丁目５番地 谷村　昌彦
戸籍事項 戸籍編製	【編製日】平成１９年５月６日
戸籍に記録されている者 除籍	【名】昌彦 【生年月日】昭和５０年６月１日 【父】谷村勝彦 【母】谷村冬美 【続柄】二男
身分事項 出　生	省略
婚　姻	省略
失踪宣告	【死亡とみなされる日】平成１９年１１月２０日 【失踪宣告の裁判確定日】平成２１年４月１日 【届出日】平成２１年４月３日 【届出人】親族　佐藤一郎
戸籍に記録されている者	【名】桜子 【生年月日】昭和５７年９月１７日 【父】山田太郎 【母】山田花子 【続柄】長女
身分事項 出　生	省略
婚　姻	省略
配偶者の失踪宣告	【配偶者の死亡とみなされる日】平成１９年１１月２０日
	以下余白

普通失踪は不在者が生死不明になってから７年満了後、危難失踪は危難（震災や海難事故）が去ったときに、失踪者が死亡したものとされます

失踪宣告の裁判確定日は失踪者の「死亡とみなされる日」とは異なります。

※７年間行方がわからない人は利害関係人が家庭裁判所に失踪宣告の申立てができます（戦争や船の沈没など危難失踪は危難が去って１年間の経過後）。

2 妻が亡夫の親族と縁を切りたいときは？

★旧姓に戻れば戸籍は抜けるが、縁を切るには姻族関係終了届が必要

旧姓に戻るのも縁を切るのも自由

戸籍の筆頭者である配偶者（たとえば夫）が死ぬと、妻（生存配偶者という）は、夫婦の姓（夫の氏）のまま暮らすのも、結婚前の旧姓に戻るのも自由です。ただし、原則復氏する離婚と違い、復氏届を出さない限り、旧姓には戻りません（届出期間の制限はない）。本籍地か住所地の市町村に復氏届を出すと、夫婦の戸籍から除籍され、前の戸籍に復籍するか単独の新戸籍が作られます。なお、夫婦に子がいる場合、妻が復氏しても子の姓までは変わりません。

また、夫の親族との関係（姻族関係という）も離婚と違って自動的には終わりません。旧姓に戻っても、妻の舅姑に対する扶養義務はなくならないのです（次頁図）。

もっとも、妻は自由に姻族との縁を切れます。その手続きは、本籍地か住所地の市町村に姻族関係終了届を出すだけです（期間の制限なし）。受理されれば姻族関係は終了し、舅姑に対する扶養義務は原則なくなります。また、その内容は戸籍にも書かれます（サンプル45）。なお、姻族関係終了届は復氏しなくてもできますし、また姻族の同意もいりません。見返りに、遺産相続を放棄する必要もないのです。

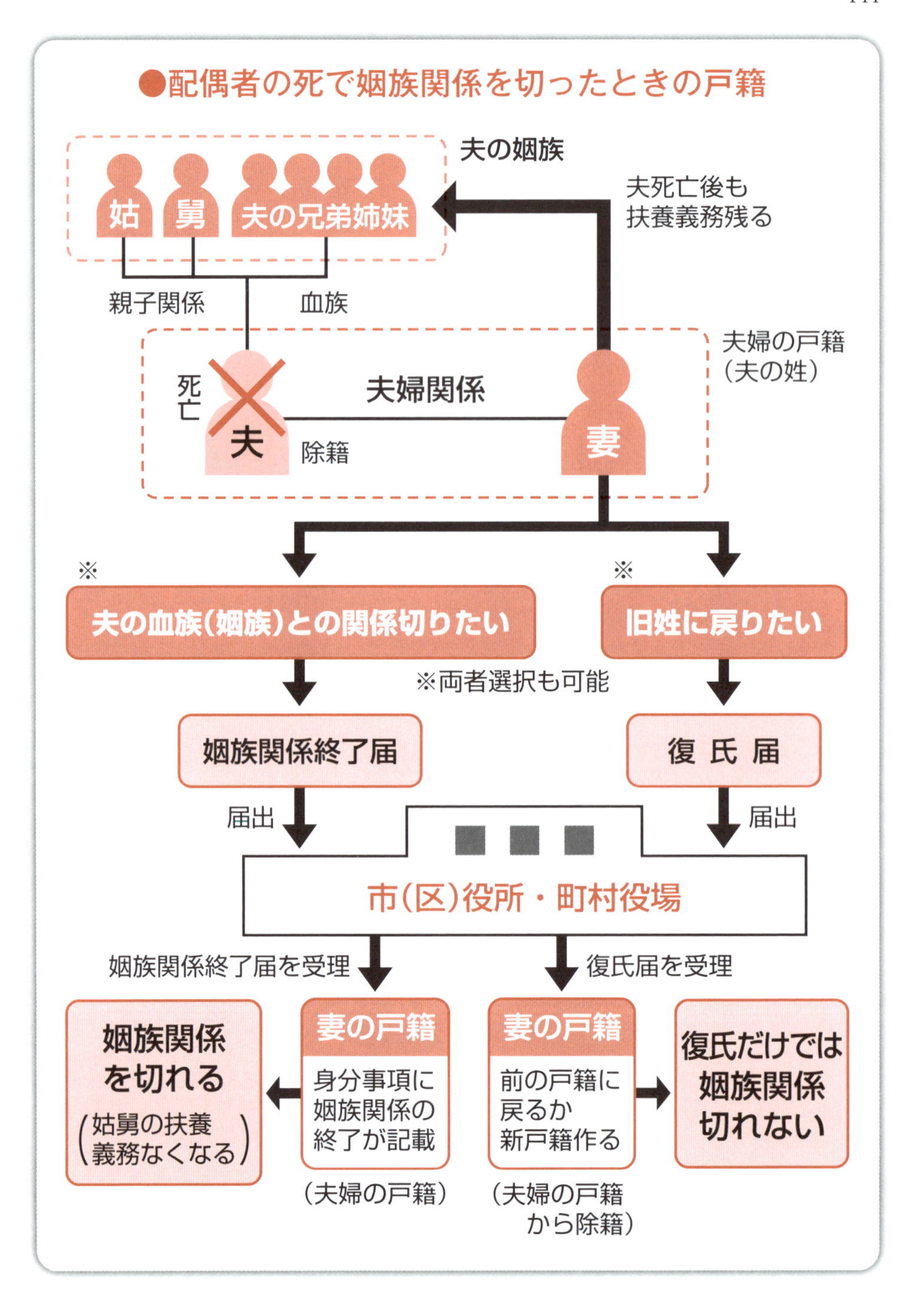
●配偶者の死で姻族関係を切ったときの戸籍
夫の姻族
姑
舅
夫の兄弟姉妹
夫死亡後も
扶養義務残る
親子関係
血族
夫婦の戸籍
（夫の姓）
死亡
夫婦関係
夫
除籍
妻
※
夫の血族（姻族）との関係切りたい
※
旧姓に戻りたい
※両者選択も可能
姻族関係終了届
復 氏 届
届出
届出
市（区）役所・町村役場
姻族関係終了届を受理
復氏届を受理
姻族関係
を切れる
（姑舅の扶養
義務なくなる）
妻の戸籍
身分事項に
姻族関係の
終了が記載
（夫婦の戸籍）
妻の戸籍
前の戸籍に
戻るか
新戸籍作る
（夫婦の戸籍
から除籍）
復氏だけでは
姻族関係
切れない

【サンプル43】復氏届（筆頭者の死後、旧姓に戻るとき）

復　氏　届

平成21年 4月 8日 届出

東京都大田区長 殿

受理 平成　年　月　日 第　号	発送 平成　年　月　日
送付 平成　年　月　日 第　号	長印

書類調査	戸籍記載	記載調査	附票	住民票	通知

項目	記入内容
（よみかた）復氏する人の氏名	（氏）たに むら（名）さくら こ 谷村 桜子　昭和57年 9月 17日生
住所（住民登録をしているところ）	東京都大田区○○三丁目 5 番地/㊫番 6 号 （よみかた）たに むら さくら こ 世帯主の氏名　谷村桜子
本籍	東京都大田区○○三丁目 5 ㊫番地/番 筆頭者の氏名　谷村昌彦
（よみかた）復する氏 父母の氏名 父母との続き柄	氏（やま だ）山田 父　山田太郎 母　山田花子 続き柄　長 □男 ☑女
復氏した後の本籍	□もとの戸籍にもどる　☑新しい戸籍をつくる 広島県広島市○○区△△一丁目 2 ㊫番地/番 筆頭者の氏名　山田太郎
死亡した配偶者	氏名　谷村昌彦　平成21年 4月 1日 死亡
その他	
届出人署名押印	谷村桜子　印

届出人の押印は令和3年9月1日から任意に、また戸籍謄本（全部事項証明書）の添付は令和6年3月1日から原則不要です（164頁参照）。

【サンプル44】姻族関係終了届（復氏した後に届け出たとき）

姻族関係終了届

平成21年 6月10日 届出

東京都大田区長 殿

受理 平成 年 月 日 第 号	発送 平成 年 月 日
送付 平成 年 月 日 第 号	長 印

書類調査	戸籍記載	記載調査				

（よみかた）	やまだ さくらこ	
姻族関係を終了させる人の氏名	氏 山田 名 桜子	昭和57年 9月 17日生
住所	東京都大田区○○三丁目 5番地 番 6号	
（住民登録をしているところ）	（よみかた） やまだ さくらこ 世帯主の氏名 山田桜子	
本籍	広島県広島市○○区△△一丁目 2番地 番	
	筆頭者の氏名 山田桜子	
死亡した配偶者	氏名 谷村昌彦	平成21年 4月 1日死亡
	本籍 東京都大田区○○三丁目 5番地 番	
	筆頭者の氏名 谷村昌彦	
その他		
届出人署名押印	山田桜子	印

届出人の押印は令和３年９月１日から任意に、また戸籍謄本（全部事項証明書）の添付は令和６年３月１日から原則不要です（164頁参照）。

【サンプル45】復氏した後で姻族との関係を終了させた妻の戸籍

全部事項証明

本　籍 氏　名	広島県広島市○○区△△一丁目2番地 山田　桜子
戸籍事項 戸籍編製	【編製日】平成21年4月10日
戸籍に記録されている者	【名】桜子 【生年月日】昭和57年9月17日 【父】山田太郎 【母】山田花子 【続柄】長女
身分事項 出　生	省略
復　氏	【婚姻前の氏に復した日】平成21年4月8日 【送付を受けた日】平成21年4月10日 【受理者】東京都大田区長 【従前戸籍】東京都大田区○○三丁目5番地　谷村昌彦
姻族関係終了	【死亡配偶者の親族との姻族関係終了日】平成21年6月10日 【死亡配偶者氏名】谷村昌彦 【送付を受けた日】平成21年6月12日 【受理者】東京都大田区長 【死亡配偶者の戸籍】東京都大田区○○三丁目5番地　谷村昌彦
	以下余白

復氏しなくてもできます

3 遺産相続に必要な戸籍はどこまでか

★出生から死亡まで連続して戸籍を調べる

相続には改製原戸籍や除籍謄本が必要になる

生存配偶者と子は最優先の相続人です。相続で第一順位の子がいると、第二順位（親）、第三順位（兄弟姉妹）の人には相続分はありません。

誰が相続人かは、戸籍を見ればわかります。サンプル46、47を見てください。どちらの戸籍にも最優先の相続人がいます。山田太郎さんには長女・桜子さん、佐藤愛子さんは夫・一郎さんと長男・祐君です。ただ、この戸籍を証拠に、たとえば銀行に預金の相続を申し出ても、銀行は応じません。他にも相続人のいる可能性があるので、亡くなった人の出生から死亡までの戸籍すべてをそろえるよう要求されるのです。

たとえば、サンプル46の戸籍では改製（電子化）前の太郎さんの身分事項はわかりません。しかし、改製原戸籍（サンプル48）を取ると、一郎さんという嫡出子がいました。一郎さんは結婚でサンプル48の戸籍を出て、そのあとで戸籍が改製（電子化）されたので、改製後の戸籍には移記されていないのです。

さらにそれ以前の除籍謄本（サンプル49）も必要です。これを取ると、太郎さんは結婚前に智君という子を認知したこともわかり、太郎さんの相続人は三人になったのです。

●戸籍をさかのぼって相続人を探すには(①→③)

山田太郎さん死亡のケース

①改製から太郎さん死亡までの戸籍
(サンプル46)

太郎さんの戸籍(電子化後)

死亡
太郎
夫 婦
花子
子
桜子
子
一郎
生きているので相続人です
太郎さんの戸籍からは消滅

戸籍を　さかのぼります

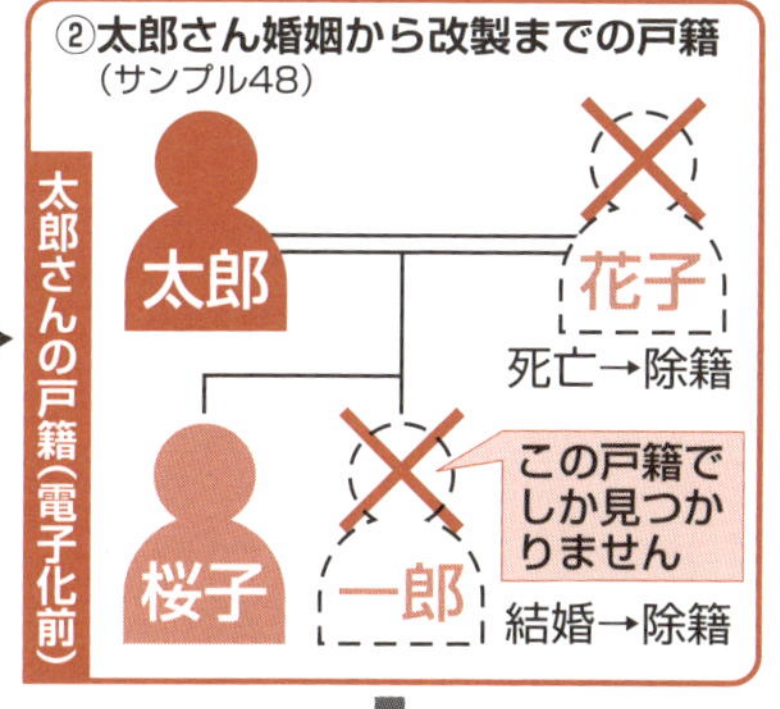

さらに戸籍を　さかのぼります

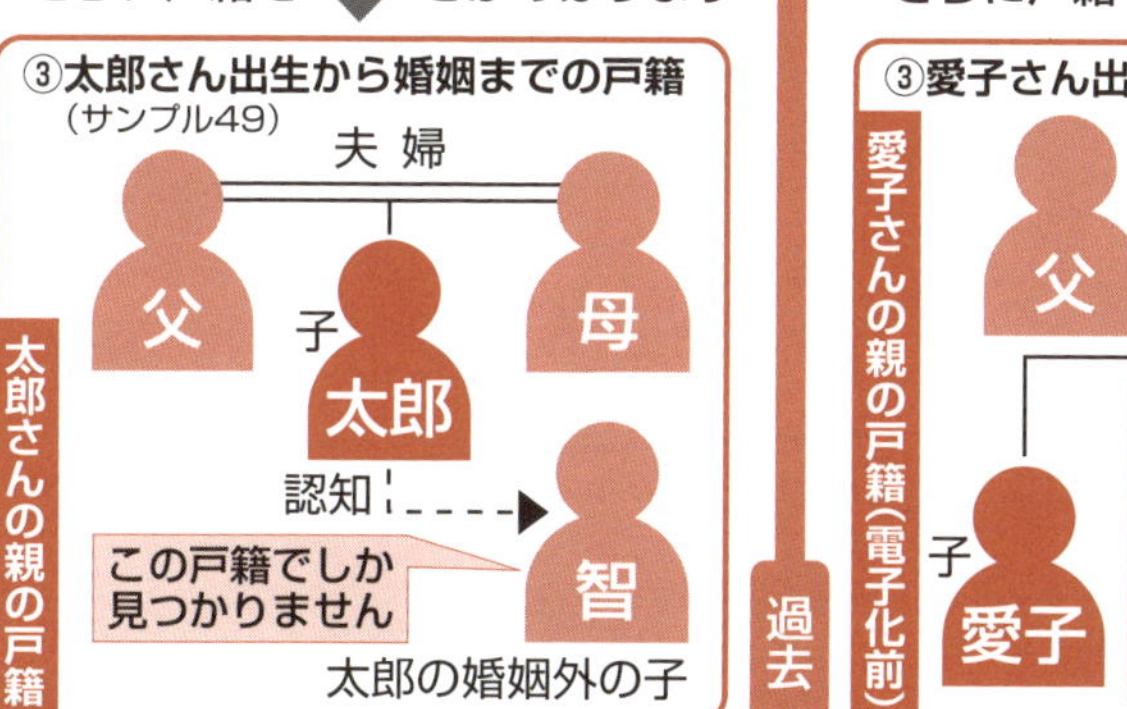

戸籍の在籍者

現在
時間の流れ
過去

佐藤愛子さん死亡のケース

①愛子さん婚姻から死亡までの戸籍

愛子さんの戸籍

一郎
夫 婦
愛子
死亡
子
祐

戸籍を　さかのぼります

②改製から愛子さん婚姻までの戸籍

愛子さんの親の戸籍(電子化後)

父
夫 婦
母
子
愛子

もしも愛子さんが未婚時に子どもを生んでいると、その時点で親の戸籍を出て、新戸籍に子どもと共に入ります。この例では、そんな事実は出てきません。

さらに戸籍を　さかのぼります

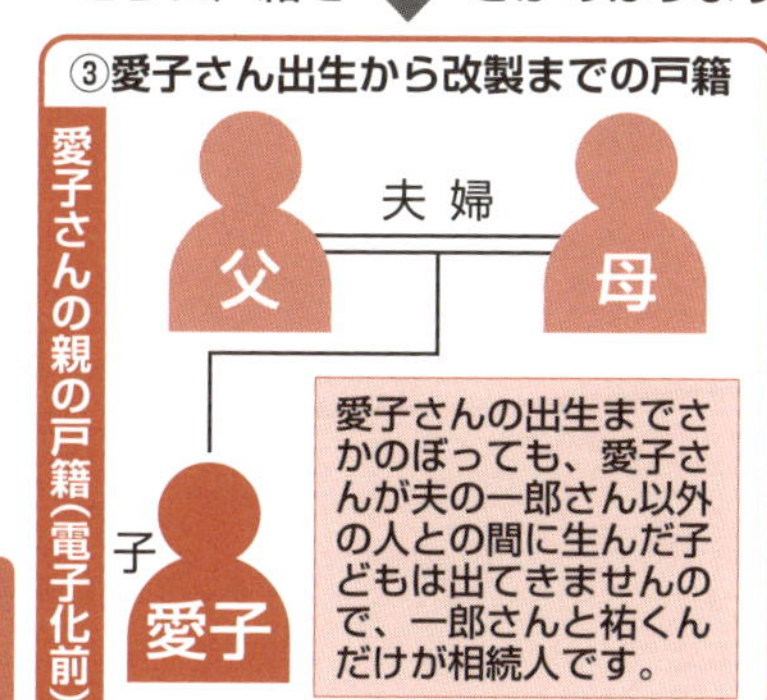

【サンプル46】山田太郎死亡届受理直後の全部事項証明書

全部事項証明

本　　籍 氏　　名	広島県広島市○○区△△一丁目２番地 山田　太郎
戸籍事項 　戸籍改製	【改製日】平成２×年１月１日 【改製事由】平成６年法務省令第５１号附則第２条第１項による改製
戸籍に記録されている者 除　籍	【名】太郎 【生年月日】昭和２６年１０月７日 【父】山田竜郎 【母】山田久乃 【続柄】長男
身分事項 　出　　生	【出生日】昭和２６年１０月７日 【出生地】広島県広島市 【届出日】昭和２６年１０月１５日 【届出人】山田竜郎
死　　亡	【死亡日】平成２×年６月７日 【死亡時間】午前５時30分 【死亡地】広島県広島市 【届出日】平成２×年６月１０日 【届出人】親族　山田桜子
戸籍に記録されている者	【名】桜子 【生年月日】昭和５７年９月１７日 【父】山田太郎 【母】山田花子 【続柄】長女
身分事項 　出　　生	【出生日】昭和５７年９月１７日 【出生地】広島県広島市 【届出日】昭和５７年９月１９日 【届出人】山田太郎
	以下余白

【サンプル47】佐藤愛子死亡届受理直後の全部事項証明書

全部事項証明

本　籍 氏　名	千葉県我孫子市〇〇五丁目６番地 佐藤　愛子
戸籍事項 戸籍編製	【編製日】平成２０年６月５日
戸籍に記録されている者 除　籍	【名】愛子 【生年月日】昭和５７年６月２１日 【父】佐藤祐介 【母】佐藤由紀 【続柄】長女
身分事項 （省略）	
戸籍に記録されている者	【名】一郎 【生年月日】昭和５５年３月１０日 【父】山田太郎 【母】山田花子 【続柄】長男
身分事項 （省略）	
戸籍に記録されている者	【名】祐 【生年月日】平成２１年４月７日 【父】佐藤一郎 【母】佐藤愛子 【続柄】長男
身分事項 出　生	省略
	以下余白

【サンプル48】山田太郎の婚姻から改製までの戸籍（サンプル46の平成改製原戸籍）

改製原戸籍

平成六年法務省令第五十一号附則第二条第一項による改製につき平成弐拾×年壱月壱日削除㊞

本籍　広島県広島市○○区△△一丁目九番地（弐番地）

氏名　山田太郎

昭和五拾弐年六月九日編製㊞

平成五年参月六日△△一丁目弐番地に転籍届出㊞

昭和弐拾六年拾月七日広島県広島市で出生同月拾五日父届出入籍㊞

昭和五拾弐年六月九日田中花子と婚姻届出広島県広島市○○区△△一丁目九番地山田竜郎戸籍から入籍㊞

昭和六拾年壱月拾六日妻花子死亡㊞

父　山田竜郎
母　久乃
長男

夫　太郎

出生　昭和弐拾六年拾月七日

昭和参拾年壱月拾壱日愛知県名古屋市で出生同月弐拾日父届出入籍㊞

昭和五拾弐年六月九日山田太郎と婚姻届出愛知県名古屋市××区○○四丁目参番地田中栄作戸籍から入籍㊞

父　田中栄作
母　ハツ
二女

昭和六拾年壱月拾六日午前四時参拾弐分愛知県津島市で死亡同居の親族山田太郎届出同月八日受附除籍㊞

妻

生出 昭和参拾年壱月拾壱日

花子

昭和五拾五年参月拾日広島県広島市で出生同月拾六日父届出入籍㊞

平成弐拾年六月五日佐藤愛子と婚姻届出同月拾日千葉県我孫子市長から送付同市〇〇五丁目六番地に妻の氏の新戸籍編製につき除籍㊞

父 山田太郎

母 花子

長男

生出 昭和五拾五年参月拾日

一郎

昭和五拾七年九月拾七日広島県広島市で出生同月拾九日父届出入籍㊞

父 山田太郎

母 花子

長女

生出 昭和五拾七年九月拾七日

桜子

〈以下余白〉

【サンプル49】山田太郎の出生から婚姻までの戸籍

本籍	広島県広島市〇〇区△△一丁目九番地
氏名	山田竜郎

昭和弐拾六年拾月七日広島県広島市で出生同月拾五日父届出入籍㊞

昭和五拾年八月七日大阪市△△区〇〇六番地片山桐子同籍智を認知届出㊞

昭和五拾弐年六月九日田中花子と婚姻届出広島県広島市〇〇区△△一丁目九番地に夫の氏の新戸籍編製につき除籍㊞

父	山田竜郎
母	久乃
長男	
夫	太郎
出生	昭和弐拾六年拾月七日

お断り

本書に登場する人物、地番などは架空のものです。また、わかりやすくするため、山田家と佐藤家の家族の戸籍で説明しています。そのため、同一人物の身分関係などが項目ごとに異なっていることもあります。ご了承ください。

戸籍の急所

兄弟姉妹からの相続は大変?!

――父親と母親の全生涯の戸籍が必要になる

〔この項・國部〕

日常生活で戸籍謄本が必要になる場面はそれほどたくさんあるわけではなく、結婚や出産などの文字どおりの戸籍事項の発生を別にすれば、パスポートの申請やせいぜい入学・入社のときくらいでしょう。

しかし、人が死亡して相続が発生した場合には、戸籍謄本が必要になります。日本の戸籍制度は非常に整備されており、人の身上や親族関係をほぼ完全に網羅したものになっていますので、亡くなった人の生涯の戸籍を取り寄せて、相続人を確定するわけです。

たとえば、父親が亡くなった場合、相続権があるのは亡くなった人の「妻」と「子」です。妻は、その人の死亡時の最後の戸籍をとれば載っています。また、子についても、未婚なら同じ戸籍に載っていますし、結婚して戸籍を出ていっていても、亡くなった人が結婚したときの戸籍をとれば載っています。しかも、余程のことがない限り家族として日常的に行き来している間柄であることが多いので、本籍地がどこであるとか、誰がどのように事務を分担するとかいう話を決めるのも容易です。ですから、親の相続の場合は、戸籍の取り寄せ作業はそれほど困難ではありません。

もし、亡くなった人に子がいない場合は、次は親（正確には「直系尊属」）が相続人になりますが、若い間に事故や病気で亡くなったような場合ならともかく、ある程度の年齢になっていれば、親も二人とも亡くなっていることが多いでしょう。

そうすると、相続権は兄弟姉妹に移ってきます。この「兄弟姉妹からの相続」というのが、実に大変なのです。

まず、亡くなった人の全生涯の戸籍を取り寄せて、子どもがいないことを確定させなければなりません。次に、親が亡くなったときの戸籍を取り寄せて、親も相続人にならないことを確定させなければなりません。

これだけで済むならまだいいのですが、兄弟姉妹が相続をする場合には、亡くなった人の父親と母親の全生涯の戸籍も揃えなければならないのです。

なぜ、親の全生涯の戸籍まで必要なのでしょうか。それは「兄弟姉妹」とはどのような関係であるかを考えればわかります。

兄弟姉妹というのは、両親の少なくとも一方が共通している間柄のことを意味します。これが、生涯に一度だけ結婚して、その相手との間だけで子どもをもうけたという夫婦の場合は、同じ家庭で一緒に育った人たちだけが「兄弟姉妹」になるので、調査も簡単です。しかし、父親に離婚歴や婚外子認知の経歴があったりすると（そのことを生前全く知らされていない場合もあります！）、全然知らない「兄弟姉妹」が登場してくることになります。

また、例は少ないですが、母親に離婚歴があったりすると、女性は結婚・離婚のたびに戸籍が異動することが多く、本籍地も飛んでいたりして、なかなか大変です。

親の代の戸籍なので、今の戸籍のようにシンプルな書き方になっておらず、「戸主」である長男を中心に、子やその妻、孫、だけでなく、弟や姉妹、ときには母親までも含めて、一〇人・二〇人の大集団が入っていることもあります。また、古い戸籍は文字が手書きなので、生年月日程度ならまだしも、本籍地のような地名になるとほとんど読めないようなものすらあります。

弁護士なら戸籍と格闘するのは慣れていますが、慣れていない方は大変だろうと思います。

巻末

先祖の探索に戸籍を役立てる法

▼現戸籍から古い戸籍へさかのぼる手のほか、登記簿や公図などの資料も役立つ〔この項・石原〕

◎洋の東西で先祖の名にはこだわりがある

我が家の先祖は天の児屋根の命（アメノコヤネノミコト）である。と、本気で言うファミリーもいます。というのは、日本では源平藤橘（げんぺいとうきつ）という姓があり、ヤアヤア、われこそは徳川の家康、源（みなもと）のナントカなり、遠からん者は音にも聞け、近くば寄って目にも見よ、という名乗りが実際にあった。これは大抵の読者は三文小説か講談本でお読みになったことがあるでしょう（「源平藤橘」の「源」は源氏、「平」は平氏、「藤」は藤原氏、「橘」は橘（たちばな）氏という名家の姓を表します）。

このほか、清原（清少納言（せいしょうなごん）の家）や豊臣（秀吉が新しくもらった姓）など、少数派の姓もあります。楠正成（くすのきまさしげ）や後藤又兵衛はたしか橘の姓でした。近衛（このえ）さんや鷹司（たかつかさ）さんはもちろん藤原姓です。

藤原のナントカという姓を大事にしていた武士は、明治維新の頃まで、実に多いのです。そして、藤原の鎌足（かまたり）の先祖は天の児屋根の命だということは昔の本にチャンと書いてあるのだから仕方がない。で、藤原の姓を名乗っていた武士がたくさんいたから、その数代後の子孫も、我が家の先祖は天の児屋根の命である、と言わざるをえないのです。

しかし、天の児屋根の命なんてホントにいたのだろうか。本当の先祖はサルかトカゲかも知れないのに、馬鹿らしい、と思う科学派もいるでしょう。

でも、我が家のじいさまは、頑固だから仕方がない。まあ顔を立てとけ、と思えばやはり、我が家の先祖は天の児屋根の命である、と名乗ることになるのです。

系図とか、恐れ多いことながら先祖とかいうものは、こんなものでしょう。でも系図を作りたい、という人は案外多くて、それを職業にしている人も少なくありません。日本だけではない。ヨーロッパでも大英図書館などを根城にして、学者としてそれをやる人も多いようです。アメリカの大金持ちが、イギリスやデンマークなどの系図学者に大金を積んで先祖を調べ、系図を作る、などは実際に多いのです。大金持ちにはなりたいものですなぁ。

◎系図作りの資料にはどんなものがあるか

日本で系図を作ろうと思えば、明治五年の壬申戸籍（じんしんこせき）から始めるのが、基本です。しかしその前にも資料はあります。

まずは菩提寺（ぼだいじ）の過去帳があります。

森鷗外の「渋江抽斎（しぶえちゅうさい）」という名作があります。岩波文庫にも新潮文庫にもあり、手に入りやすいものです。これは渋江抽斎という弘前藩の医家の伝記を文学にしたもので、鷗外文学の最高頂といわれるものです。最初は鷗外が武鑑で知った渋江抽斎という名前から始め、知人の伝手（つて）などをたどって、その実在を知り、寺の過去帳などを追い、現存の子孫全員に達する物語です。文学的粉飾など全くなく、あたかも弁護士が古い戸籍簿を追っていくように、古い資料や伝手を追い、当時の全状況に達する経過を述べた、圧倒されるような文学です。

先祖の系図を知りたいと本気で思う人は、是非この「渋江抽斎」を読むべきです。

それはさておき、系図作りの資料としては、他にもいろいろあります。江戸時代の人別帳（にんべつちょう）や宗門帳（しゅうもんちょう）などがありますし、今も述べた寺の過去帳や、藩士分限帳、町人の問屋仲間帳など雑多なものがたくさんあります。各地の図書館や教育資料所など、調べればいろいろあるはずで、あとは熱心さの問題でしょう。

明治五年以後の戸籍に移れば、先ほども述べたように、役所の書類保管期間が過ぎて散逸したものも多いでしょうが、最近は図書館などに文献として保存されたものもありますから、調べてみるとよいでしょう。それにつけても鷗外の「渋江抽斎」は、じつに良い教訓書だと思います。

また、各自の家に伝わる資料も無視できません。とくに代々の位牌（いはい）や霊位（れいい）が残っていれば、最高です。筆者の家でも元禄時代からのものが断片としてのこっていますが、いずれ整理しようと思いますが、手付かずのままで申し訳ないことです。墓石なども郷里を尋ねれば痕跡があるかも知れません。

さて、こうして資料を集めたら、あとはどうすればよいでしょうか。

わたしは、郷土の歴史を調べている人を調べて、助言を受ける方が良いと思います。そんな人がいるかしら。いますとも。まず、県や市町村の教育委員会。ここらあたりを発端に、好意的な人を探り当てて、伝手をたどればよいでしょう。先祖の自歴を調べたい、ということが分かれば、必ず好意的な人が現れるものです。

◎古い戸籍や登記簿で先祖の名を探し出す

ここではこれ以上のことは言うようすがもないので、戸籍のことに移りましょう。

まず、自分の現在の戸籍謄本をとりましょう。戸籍簿が電子化されて、全部事項証明書となっている場合もありますが、いちいち断るのも面倒なので、ここでの説明としては戸籍謄本という言葉ですすめます。

これを入手すると、その前の原戸籍簿や除籍謄本など、現戸籍の前の資料が判明します。これを次々と前にさかのぼれば、少なくとも自分と自分の親、祖父母、曾祖父母など、先祖の古い戸籍・除籍簿が入手できます。

それをどんどんさかのぼれば、現存の旧戸籍は全部入手できます。配偶者（妻・夫）のものは配偶者の名で交付請求ができます。こうすれば、かなり古い時代の先祖にたどり着けます。

次は、昔、先祖が住んでいた土地、建物の登記簿謄本をとってみましょう。戸籍はプライバシーの問題で、誰でもがとることはできませんが、土地建物の登記簿謄本は誰でも取ることができますから、これをとれば過去の所有者が判明します。

そこで思いもかけぬ共有者や担保権者として親族の名が出てくることもあります。無駄も多いのですが、無駄を恐れてこの作業はできません。だいいち手間がかかるだけで、謄本類の交付請求の手数料は知れたものです。

その次には、土地建物がわかれば、土地の公図を請求することができます。土地の公図など請求してどうなるか、と叱られればそのとおりで、恐縮のほかありませんが、著者の経験では地租の資料や人頭税（じんとうぜい）の資料を探り当てたことがあります。探り当て、入手してもほとんどは無駄で、どこかの棚に眠っています。まったく汗顔のいたりです。そもそも、いまさら系図を作ること自体が無駄なことで、生活に苦しんだ先祖様から、馬鹿者、と叱られそうです。

でも、もし系図（の一部）を作ることができたら、これを整理しコピーを作りして、土地の歴史愛好家や教育委員会の同情者に頒布してみたらどうでしょう。

だれも乗ってくるもんか？　けっこうではないですか。

あなたは見事に先祖の系図を作り、頒布までしたのです。

スタンダールの『パルムの僧院』の原稿は、百年も土地の図書館の屋根裏に放置されていたんだそうですよ。スタンダールの大小説にくらべれば、あなたの系図の無駄などは軽い軽い。系図よ眠れ。眠れよい子よと、御先祖様が褒めてくださるでしょう。

Q&A・得する戸籍の読みかた調べかた

★戸籍は、その人の出生から死亡までの歴史（身分関係）と親族関係を証明するものです。ここでは、知っていると戸籍の内容をより詳しく理解でき、知りたいことへのアクセスが早くなるキーポイントを紹介します。

Q ある人の離婚歴は戸籍を見ればわかるのですか？

キーポイント 戸籍事項欄……**「編製日」の日付けに注意すること**

A 戸籍の**編製日**とは、その戸籍が作られた年月日です。
新しく戸籍が作られる原因は、結婚（サンプル18…85頁参照）、戸籍筆頭者でない妻が離婚後、単独戸籍を望んだ場合（サンプル25…100頁参照）、分籍（サンプル７参照…49頁）、就籍、転籍（サンプル６…46頁参照）ですが、その原因（新戸籍が作られた理由）は転籍以外、身分事項欄に記載されます。ただし、離婚歴を消すために親の戸籍に復籍した後で分籍すると、新戸籍には「離婚」の履歴は残りません（103頁参照）。

なお、戸籍内容を知りたい相手方（戸籍筆頭者とは限らない）の生年月日より編製日があとの日付なら、その人には、それ以前の戸籍もあるということです。離婚歴があるかどうか、婚外子がいるかどうか（サンプル３－①②…34、35頁参照）などは、過去の戸籍まで調べないとわかりません。

Q ある人の家族関係は戸籍を見ればすべてわかるのですか？

キーポイント 身分事項欄……**「従前戸籍」をさかのぼる必要がある**

A 生まれてから死ぬまで、ずっと同じ戸籍という人もいますが（未婚で分籍もしないなど）、多くの人は、結婚や養子縁組などにより新戸籍ができたり、他の戸籍に移ったりします。**従前戸籍（従前の記録〔本籍〕と記載されることも）**とは、それまでいた元の戸籍で、本籍地と戸籍筆頭者の氏名が記載されています。この従前戸籍をさかのぼっていけば、その人の過去の身分関係や家族関係もわかるわけです。

たとえば、遺産相続では、亡くなった人（被相続人）の出生時の戸籍までさかのぼって、他に相続人がいるかどうか探さなければなりません。その場合、従前戸籍を頼りに、過去の戸籍謄本（電子化後は全部事項証明書）を取り寄せるのです（148頁参照）。また、転籍や分籍で離婚歴を隠しても、従前戸籍をさかのぼれば、離婚した事実があることはわかってしまいます。

Q 戸籍は住んでいる場所の役所にいけばあるのですか

キーポイント 本籍……**住所と本籍地は異なることも多い**

A 戸籍がある場所が**本籍**ですが、これは戸籍に載っている人の住所地と同じ市区町村内とは限りません。本籍地は日本国内のどこでも自由に定めることができますから、住所地以外の市区町村役場に登録されていることも多いのです。現住所が本籍地と同じ市区町村内でも、その地名や地番まで同じとは限りません。現住所の表記は、町名変更などにより変わることも多いからです。また、本籍は土地の地名や地番までで、住所のように家屋番号（号）やマンション名はありません。

Q 戸籍は家族についてどういう順序で記載しているのですか

キーポイント 戸籍に記載されている者……**子は出生順とは限らない**

A 戸籍の個人欄は、戸籍筆頭者、配偶者、子の順に記載されます。複数の子がいる場合は、原則として生まれた順です（サンプル１…20頁参照）。しかし、例外があり、養子や非嫡出子（正式の夫婦でない男女間に生まれた子）を入籍する場合は、出生日にかかわらず、戸籍の最後に記載されます。また、たとえば弟や妹のいる女性が離婚して親の戸籍に復籍した場合、弟や妹の後に記載されるのです。

Q ある人の出生や死亡の事実は戸籍を調べれば必ずわかるのですか？

キーポイント 戸籍の届出……**出生届や死亡届を出さないと処罰される**

A 人の出生や死亡は、それぞれ役所への**出生届**、**死亡届**によって戸籍にも反映されますが、逆に言えば、それらの届をしないでいると戸籍上にも記載がないままとなります。したがって、戸籍を調べれば必ずその人の出生や死亡についてわかるということは言えません（出生届をしないままだと、その人の戸籍そのものがない状態になってしまいます）。

なお、出生届は出生から14日以内、死亡届は死亡を知った時から７日以内に届出をしないと、５万円以下の過料に処せられます（戸籍法137条）。

また、偽装結婚など虚偽の届出をすると、１年以下の懲役または20万円以下の罰金です（同法134条）。

ただし、結婚や離婚は、届出をしなくても処罰されることはありません。**婚姻届**や**離婚届**を出さないと、法律上の保護を受けられないだけです（民法739条、764条）。

Q 離婚したあとの戸籍は どうなるのですか？

キーポイント 元の戸籍の身分事項欄……**「入籍戸籍」の欄に記される**

A 離婚など身分関係の異動により戸籍から除籍された人が、除籍後に入った新戸籍が**入籍戸籍**です。新しい本籍地と戸籍筆頭者が記載されています。従前戸籍と反対に、通常、元の戸籍の身分事項の末尾にある項目です。

たとえば、離婚して夫婦の戸籍から除籍された妻が、親の戸籍に復籍したか、それとも単独戸籍を作ったかは、元の戸籍にある妻の身分事項に記載された「離婚」の入籍戸籍の欄を見ればわかるのです（サンプル22…94、95頁参照）。

なお、子が結婚して新戸籍を作った場合、親の戸籍にはその子の身分事項欄に「婚姻」と新戸籍が記載されますが、項目名は入籍戸籍ではなく、**新本籍**となります。

Q 結婚していない男女間に生まれた 子の戸籍はどうなるのですか

キーポイント 母の戸籍の身分事項欄……**「入籍事由」は「子の出生届出」**

A 戸籍に入籍をする場合は入籍の原因を記載しますが、婚姻届や離婚届、養子縁組届により入籍した場合には、この項目（**入籍事由**）はありません。

入籍届を使って入籍した場合、この項目が記載されます。たとえば、戸籍筆頭者でない妻が離婚をし、未成年の子の親権者になった場合、その子を妻の戸籍に入れるには、子の氏変更の許可を得て入籍届を出さなければなりません。この場合、入籍事由として**「母の氏を称する入籍」**と記載されます（サンプル33…119頁参照）。

子が生まれると出生届を出しますが、婚姻届を出した正式の夫婦間の子（嫡出子）の戸籍に、この項目はありません。しかし、夫婦以外の男女間の子（非嫡出子）は、母親の方の戸籍に入り、その身分事項欄に**「子の出生」**というタイトルが記載され、入籍事由として**「子の出生届出」**と記載されます（サンプル36…124頁参照）。

Q ある人の犯罪歴や破産歴は 戸籍を調べればわかるのですか？

キーポイント 戸籍に記載される者……**犯罪で罰せられても戸籍には載らない**

A 戸籍に記載される内容は、出生、結婚、離婚、死亡など、家族・親族に関する身分関係で、戸籍法13条、同法施行規則などに具体的に決められています（54頁）。たとえ犯罪を犯し、有罪が確定したとしても、その前科は、戸籍には載りません。また、破産も同様で、その事実は戸籍上には記載されないのです。

【参考資料】
戸籍をめぐる最近の主な法改正について

戸籍は、令和二年までに、すべての自治体で電子化（三八頁参照）が完了しています。これにより、事務処理の迅速化が図られただけでなく、私たちが戸籍の届出をしたり、戸籍証明書を請求する場合の手続きについても、法改正で、従来より簡略化されたのです。

また、成人年齢の引下げや女性の再婚禁止期間規定の撤廃など、最近改正された民法（家族法）の規定には、戸籍と関わるものも少なくありません。

ここでは、本書の前回の改訂（令和三年七月末）以降に施行された戸籍法や戸籍法施行規則の改正、また戸籍に関わる民法の動きについて、重要と思われるものを紹介します。

●婚姻届や離婚届など届書への押印は任意になった

結婚や離婚、子の出生など戸籍上の身分事項に移動があった場合は、婚姻届や離婚届、出生届など所定の届出書に必要事項を記載し、市町村に届け出ることになっています。従来、その届出書には、当事者の署名押印が義務づけられていました。しかし、デジタル社会の形成を図るための関係法律の公布により、戸籍法も改正され、令和三年九月一日から、押印義務は廃止されています（署名の義務づけは従来通り）。なお、届出人が任意に印を押すことは自由です。

●婚姻届や離婚届の届出に戸籍謄本の添付は原則不要になった

婚姻届や離婚届の届出は、当事者（本人と証人）が届書に署名し、最寄りの市町村の窓口に提出、受理されれば、法律上の結婚や離婚が成立します。ただし、その市町村が当事者の一方または双方の本籍地の市町村でない場合には、従来は、本籍地から戸籍謄本（全部事項証明書）を取り寄せ、届書に添付する必要がありました。しかし、戸籍法の改正により、令和六年三月一日からは、戸籍謄本の添付は原則不要です（戸籍法一二〇条の八、一〇八条二項）。なお、出生届、養子縁組届など従来戸籍謄本の添付が必要だった戸籍の届出も、戸籍謄本の添付が原則不要になりました。

ただし、例外的に電子化されていない戸籍については、従来通り、本籍地から戸籍謄本を取り寄せ、届書に添付する必要があります。

●戸籍謄本（全部事項証明書）は最寄りの市町村でまとめて請求できるようになった

親族が亡くなると、その配偶者や子どもにとって、死亡届の届出以上に面倒なのが相続手続きです。亡くなった人（被相続人）の遺産（相続財産）の処分には、遺言の有無に関わらず、その人の相続人をすべて探し出す必要があります。そのためには、その人の出生時までさかのぼり、死亡までの連続する戸籍の証明書（戸籍謄本〔全部事項証明書〕、除籍謄本、改製原戸籍など）をすべて集める必要があるからです（一四八頁参照。一二三頁サンプル35参照）。

本籍地のある市町村が、生涯変わらないという人もいますが、一般的には、結婚や離婚などにより本籍地が移動する人も多く、従来は、それぞれの本籍地の市町村ごとに戸籍証明書を請求する必要がありました。実際に相続手続きを経験した方は、おわかりと思いますが、これが実に大変なのです。

この戸籍証明書の請求手続きが、戸籍法の改正により、令和六年三月一日からは、最寄りの市町村からまとめて請求できるようになりました（広域交付制度という）。ただし、すべての証明書が広域交付の対象ではなく、戸籍抄本（個人事項証明書）や附票などの請求は、従来通りです。

なお、戸籍証明書の請求方法には、①市町村の窓口で請求、②郵送で請求、③コンビニで請求の他、令和五年八月二一日からは、一部の自治体では、④オンライン請求も可能になりました。

●戸籍の附票に生年月日と性別が追加された

戸籍には現住所の記載はありませんが、戸籍の届出や戸籍の証明書を請求する場合、戸籍の届書や請求書には現住所を記載する必要があります。そこで、戸籍に載っている人の住所が確認できるよう、戸籍には本人の住所の移り変わりを記載した附票が付いています。この附票には従来、氏名、住所、住所を定めた日が記載されていましたが、住民基本台帳法の改正により、令和四年四月一日からは、生年月日と性別が追加されました（三七頁サンプル4参照）。

また、令和六年五月二七日からは、請求者が、本人、配偶者、直系尊属、直系卑属の場合に限り、住民票コードを記載した附票のコピーも請求できます。ただし、請求がなければ、コードを原則省略したものが交付されます。

●戸籍に載っている人の氏名に振り仮名が付く

戸籍法が改正され（令和五年六月九日公布）、戸籍の記載事項として、氏名に振り仮名を振ることが義務づけられました（改正戸籍法一三条）。この改正規定が施行（令和七年五月頃の予定）されると、施行日以降に生まれた新生児は、名前に振り仮名を付けた出生届を市町村に出さなければなりません。

また、すでに戸籍が作られている人は、施行から一年以内に振り仮名を届け出ることができ、届出がない場合には、本籍地の市町村長が管轄法務局長の許可を得て、振り仮名を付ける定めです。

なお、氏（姓）の振り仮名については、原則として、戸籍筆頭者が届出義務者となります。

●未成年者は親の同意があっても婚姻届を受理してもらえない

戸籍に関わる法改正としては、民法（家族法）の改正内容も見過ごせません。

たとえば、令和四年四月一日から、婚姻年齢が男女とも一八歳に統一されました（民法七三一条）。成人年齢もまた、同日から一八歳に引き下げられています（同法四条）。夫と妻の双方が一八歳にならない限り、法律上の結婚はできなくなったのです。たとえ親の同意があっても、夫と妻どちらか一方が未成年の場合、その二人が届け出た婚姻届を市町村は受理してくれません。

また、女性の再婚禁止期間の規定の撤廃も、戸籍手続きに大きな影響がありました（同法七三三条を削除）。令和六年四月一日からは、妻も離婚届が受理されれば、夫同様すぐ再婚できることになったのです（市町村が婚姻届を受理する）。なお、離婚後三〇〇日以内に生まれた子の父親は法律上、従来は離婚前の夫と推定する定めでしたが、改正により、離婚前に妊娠した妻が、その妊娠中に再婚した場合には、生まれた子の父親は、直近（出生に一番近い）の夫の子と推定されます（七七二条三項。令和六年四月一日から施行）。

●夫婦は未成年の子の親権を離婚後も共同で持つことができる

未成年の子がいる夫婦は、婚姻中は、双方が共同して子の親権を行うことになっています。しかし、離婚すると、現行法では、その子の親権者は夫（子の父）または妻（子の母）のどちらか一人です。離婚にあたり親権者を決めないと、市町村は離婚届を受理してくれません（民法八一九条）。離婚後の親権者が決まると、子の身分事項欄に「親権」の項目として記載されます（一一八頁サンプル32）。

この離婚後の親権について、民法が改正され（令和六年五月二四日公布）、共同親権の制度が新しく設けられました。これにより、未成年の子がいる夫婦は離婚後も、その子の親権を共同して行う共同親権も選べます（改正法八一九条）。共同親権か、単独親権かは、夫婦の話合いで決めますが、協議がまとまらない場合には、家庭裁判所の調停や審判も利用できます。ただし、離婚する夫婦の一方が、配偶者へのＤＶや未成年の子に対する虐待をしていたり、そのおそれがある場合は、その夫または妻は離婚後、親権者になれません（共同親権ではなく単独親権になる。公布日から二年以内に施行）。

〔著者紹介〕
石原　豊昭（いしはら　とよあき）
昭和３年10月、山口県に生まれる。中央大学卒業。弁護士。
三井三池労働争議事件その他暴力金融グループ・株券金融犯罪グループ事件などの被害者救済で活躍。著書に『債権なにがなんでも回収法』『訴訟は本人で出来る（共著）』『遺言の書き方と活用法』『遺産分割と紛争解決法』『財産相続トラブル解決なんでも事典』『離婚を考えたらこの１冊』（いずれも自由国民社）などがある。平成27年逝去。

國部　徹（くにべ　とおる）
昭和35年12月９日生まれ。東京大学卒業。弁護士（東京弁護士会所属）。平成４年弁護士登録、平成10年國部法律事務所開設。
一般民事・家事事件をはじめ、労働事件や倒産事件、刑事事件など日常の事件全般を取り扱う。著書に『図解による労働法のしくみ』『労働審判・示談・あっせん・調停・訴訟の手続きがわかる』（いずれも自由国民社）などがある。

飯野たから（いいの　たから）
山梨県生まれ。慶應義塾大学法学部卒業。フリーライター。著書に、『「非正規」六法』『撮ってはいけない』『フリーランス１年目の教科書』『ネット時代の困ったお客のトリセツ』『大家さんのための賃貸トラブル解決法』『マンガでわかる！法律の抜け穴（電子書籍・原作）』（いずれも自由国民社）などがある。

戸籍のことならこの１冊

2009年５月５日　初版第１刷発行
2024年10月２日　第６版第１刷発行

著　者　石原豊昭
　　　　國部徹
　　　　飯野たから
発行者　石井悟
DTP制作　有限会社中央制作社
印刷所　新灯印刷株式会社
製本所　新風製本株式会社

発行所　株式会社 自由国民社
〒171-0033 東京都豊島区高田３丁目10番11号
TEL〔営業〕03(6233)0781　〔編集〕03(6233)0786